memiの
1か月食費 2.7万円！

節約
ワンプレート
ごはん もっと！

memi・著

永岡書店

Introduction

「家計がきつくても、笑顔になれるごはんが作りたい！」
そんな気持ちで節約ワンプレートごはんを作り始めてから5年がたちました。
幼稚園生だった息子はもう小学3年生。よく食べるようになり
うれしい悲鳴をあげていますが、今、何よりも悩まされているのが物価高!!
やむを得ず食費予算をあげましたが、『おいしくてかわいい節約ごはん』を
作るには、ますます工夫が必要に……。
でも、ハードルが上がっても、私の気持ちはずっと同じ。
「楽しむこと」が、節約で一番大事だと思っています（難しいけれど（笑））。

そこで、この3冊目では、「毎日楽しく、節約ごはんを続ける方法」として、
4つの献立バリエーションを考えました。

●子どもの成長とともに、よりボリュームアップした大満足な**カフェ風ワンプレートごはん**
●新たに挑戦した、御膳スタイルで高級感を味わえる**節約定食ごはん**
●節約生活に疲れたときでも、手軽に作れる**ワンポットごはん**
●食費がピンチでも乗り越えられる、救世主レシピの**カフェ風ワンボウルごはん**

紹介した献立は、1人分、100円台を目指しつつ、200円前後で簡単に作れるものばかり。
頑張れるとき、サボりたいとき、お金がきついとき、ごほうびごはんを食べたいとき、
それぞれの状況に応じて自由に組み合わせながら、
毎日楽しく節約ごはんを作っていただけたら本望です。
節約ごはんを食べて身体も心も元気になり、笑顔あふれる日々が続きますように……。

from memi

1人1食100円台で作る3カ条

1 とにかく安く買う

物価高の今は、ふつうにスーパーで買い物するだけで予算オーバー。
見切り品、産直などあらゆる手で安く買うことが大事!

2 レシピの食材にこだわらない

食材は気候やコストなどさまざまな事情で値段が変動します。
高いと思ったら無理して買わない。安い食材でアレンジしましょう。

3 食材を使い残さない

どんな端っこもムダにせず、具材に使いましょう。
保存や収納を工夫したり、巻末のインデックスで使い切れるレシピを探して。

Contents

Introduction — 2

食費1か月2万7000円
節約ごはんの作り方、全部教えます！ 15のヒント — 6

Part 1 memi's Recipe One Plate
気分が上がる！ ワンプレートごはん — 12

- 甘辛ペッパーチキン献立 — 14
- アスパラ豚巻きカツ献立 — 16
- チキンのトマトクリームグラタン献立 — 18
- ふわふわ梅大葉つくね献立 — 20
- 白身魚とブロッコリーのフリッター献立 — 22
- チキンステーキ献立 — 24
- ゴロゴロ豚とアスパラのガリバタ炒め献立 — 26
- ベーコンチキンカツ献立 — 28
- 牛肉の糸こんチャプチェ献立 — 30
- じゃがソーセージのスコップコロッケ献立 — 32
- サクサク クリスピーチキン献立 — 34
- 豚肉とチンゲン菜の中華卵炒め献立 — 36
- 麻婆なす献立 — 38
- 厚揚げ豚巻き献立 — 40
- ツナとコーンの落とし揚げ献立 — 42
- てりやき豆腐ハンバーグ献立 — 44
- 鶏肉の竜田揚げ献立 — 46
- 豚こまボールとエリンギの塩レモン炒め献立 — 48
- 納豆とちくわの磯辺揚げ献立 — 50
- さばのごま甘酢だれ献立 — 52

Part 2 memi's Recipe Set Menu
お店みたいで感動！ 定食ごはん — 54

- 豚と玉ねぎのしょうが焼き定食 — 56
- ガーリックトマトチキン定食 — 58
- かにかま豆腐しゅうまい定食 — 60
- 鶏胸肉とれんこんのにんにく甘酢炒め定食 — 62
- さばとじゃがいものフライ定食 — 64
- 塩だれチキンステーキ定食 — 66
- 煮込みチーズハンバーグ定食 — 68
- 豚こまだんごの酢豚定食 — 70
- ひき肉とたっぷり野菜のオムレツ定食 — 72
- ちくわとキャベツのかき揚げ定食 — 74
- 鶏肉と里いもの煮もの定食 — 76
- 揚げ出し豆腐そぼろあんかけ定食 — 78
- 鶏胸肉のごまみそカツ定食 — 80
- 豚バラと小松菜の煮もの定食 — 82
- チンジャオロース―定食 — 84
- ロールキャベツ定食 — 86
- 鶏手羽と卵のカレー煮込み定食 — 88

おかずが寂しいときに重宝！
プラスワン副菜＆トッピング — 90

Part 3 memi's Recipe One Pot
ヘトヘトな日の救世主
ワンポットごはん — 92

- ミートボール煮込み献立 — 94
- 豚肉と白菜の重ね蒸し献立 — 96
- 残り野菜の焼きカレードリア献立 — 98
- 甘辛チキンとチヂミのチーズディップ献立 — 99
- たらと野菜のアクアパッツァ献立 — 100
- チキンとじゃがいものクリーム煮献立 — 101
- 鶏肉、ソーセージと野菜の
  ごまみそ豆乳鍋献立 — 102
- 節約すきやき献立 — 103

memi's column
- ● 量が足りないときは、ご飯は別盛りでもOK — 17
- ● ホケミでチーズハットグ風おやつ — 19
- ● ゆで卵は先を少し切り、肉の下には
  キャベツを敷いてかさ増し — 25
- ● おすすめ100均グッズ① コンパクトおろし金 — 27
- ● おすすめ100均グッズ② 調味料ケース — 33
- ● おすすめ100均グッズ③ シリコン製鍋つかみ — 41
- ● サラダのかさましは激安の貝割れ菜が便利 — 53
- ● 夏おやつは手作りアイスで節約 — 67
- ● おすすめ100均グッズ④ 計量スプーン — 83
- ● 捨てちゃう鶏皮で絶品焼き鳥 — 85
- ● 週末は残り物のお弁当でピクニック — 89
- ● 洗いものが減る！ 牛乳パックまな板 — 95
- ● 彩りに糸唐辛子が活躍！ — 106
- ● 朝食はパンよりご飯が安い！ — 109

Part 4 memi's Recipe One Bowl
安くてお腹いっぱい！
ワンボウルごはん — 104

- 豚肉と厚揚げのルーローハン献立 — 106
- タコライス献立 — 108
- デミたまチキン丼献立 — 110
- ひき肉あんかけの卵とじ丼献立 — 111
- 豚バラねぎ塩丼献立 — 112
- 鶏胸肉とピーマンの甘辛コロコロ丼献立 — 113
- 和風カレーリゾット献立 — 114
- ピリ辛チキン丼献立 — 115
- 節約中華丼献立 — 116
- えびチリ玉丼献立 — 117

みんなの知りたい！に答えます
節約生活Q＆A — 118

在庫食材から探せる素材別インデックス — 124

この本のレシピについて
- ●計量は小さじ1＝5㎖、大さじ1＝15㎖、1カップ＝200㎖です。
- ●電子レンジは600Wのものを使用しています。500Wの場合は
  加熱時間を1.2倍にするなど、お手持ちの機器に合わせて調整してください。
- ●1人分の金額は2025年2月に著者が購入した食材を
  計算したもので、参考としてお考えください。
  また、調味料や粉類など一般的な常備食材、米、
  ポイント購入した食材の価格は含みません。
- ●おかずの分量は大人2人、小学生の子ども1人の3人分としています。

15のヒント

食費1か月 2万7000円
節約ごはんの作り方、全部教えます！

食費節約は小さな工夫の積み重ね。私が実践中のなかから、マネられそうなことをトライしてみて！

1 食費は日用品と合わせて予算を組む

食費だけでガチガチに予算を決めると守るのが苦しくなってしまうため、食費、日用品費、レジャー費、雑費の4つを「やりくり費」という費目にまとめ、4つ全部で週1万円、月5万円の予算を組んでいます。このうち、食費予算は月2万7000円程度が目安。オーバーしたら翌週のレジャーを控えたりと、4つの費目内で臨機応変にやりくりできるので、負担にならず予算が守れます。

ある月のやりくり費の内訳（予算5万円）

- 食費　　　2万7000円
- 日用品費　5000円
- レジャー費　1万円
- 雑費　　　8000円

2 やりくりは「35日家計簿」を使う

1か月を35日として考えるのがこの家計簿の特長。ひと月4〜5日増えるので締め日がずれ、半年〜8カ月たつと給料日が2回という月がやってきます。浮いた1か月分の給料は、自然にたまるボーナス！ わが家はこの家計簿を採用してから、やりくりに余裕が生まれました。

35日家計簿で貯まるしくみ

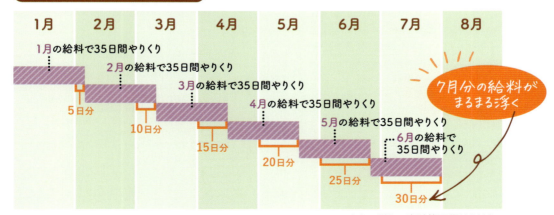

さらに詳しい家計管理術はP118へ

3 予算は現金で袋分けする

食費を含めた月予算の5万円はすべて1000円札にして(ゆうちょ銀行で両替)、週予算1万円×5週分を用意。1週分ずつ予算袋に入れて、その範囲でやりくりします。カード払いした分も、その日のうちに予算袋から抜いて残金をチェック。ちょっと手間はかかりますが、あといくら使えるかをつねに現金で確認すると、確実に使い過ぎが防げます。

4 買い物は週2回。安スーパーを歩く

日曜に月火水に使うものを買い、使い残しは木曜に消費。水曜に週末までの足りない分だけを買うというサイクルです。3〜4日で使い切れる分だけ買えばムダに使い残すこともありません。買い物に行くときはチラシアプリで特売をチェックし、数軒はしごがマスト！

5 朝昼は夜ごはんを活用

献立はほぼ定番。朝は惣菜パン＋ヨーグルトか、ご飯と汁もの。昼はお弁当、夜はメイン、サブ2品の副菜と汁もの、という組み合わせが多いです。夜ごはんを作るときはちょっと多めに作って、翌日の朝や昼に回すと時短になるし、食材の使い残しも防げます。

朝 翌日のスープに

夜 多めに作って

昼 翌日のお弁当に

6 買い物はおつとめ品ファースト

わが家の食費はおつとめ品で成り立っているといってもいいくらい。賞味期限ぎりぎりのちょっと鮮度が落ちたものも、すぐ消費したり、下ごしらえすれば問題なし。食費高騰のいま、最大半額オフは見逃せません。スーパーによって異なる値引きのタイミングも、しっかりチェックしています。

野菜は業スー

半額時に買います！

7 いつでも安い冷凍素材を活用する

季節関係なく、値段がほとんど変わらない冷凍食材。とくに業務用の冷凍野菜と、楽天で見つけた冷凍無塩さばはコスパが最高。冷凍食材は日持ちするので、慌てて使い切らなくてもいいし、骨ぬきや下ごしらえ不要など手間も削減できてメリットばかり！

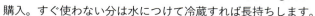

8 肉、野菜は大容量を買う

食材は値段だけを見るのではなく、gあたり、1個あたりで安いかどうかを考えて買います。そうすると、必然的に選ぶのはメガパックや大袋などの大容量のもの。もやしも、あれば1袋350g入りのものを購入。すぐ使わない分は水につけて冷蔵すれば長持ちします。

白菜は1/2以上 根菜は大袋

58円/100g以下なら買い

ポイントで
乾物・調味料・
乳製品が0円

9 ポイ活を食費にあてる

やりくり費が5万円で収まっているのはポイ活のおかげ。おもにためているWAON POINTはドラッグストアのウエルシアで現金同様に使えるので、乾物や缶詰、調味料、粉ものなどをポイントで購入。ポイント1.5倍デーなら5000ポイントで7500円の買い物ができてとってもオトクです。日用品購入もほぼポイント！

お米も
ポイント買い！

お酒、お菓子は
ローソンのクーポンで

「ポイ活無理！」な人はこの店をチェック

ドラッグストア

卵や牛乳はスーパー以下

大手ドラッグストアは食品も充実。スーパーより安いものも結構あり、卵や牛乳はねらい目です。WAONや楽天など各社のポイントも地味に貯められます。

業務用スーパー

徳用サイズは激安

調味料や乾物など長持ちするものは業務用スーパーの大容量がお買い得。私が行く店は生鮮品もあり、ミニトマトや麺類などが激安です。買いすぎに注意！

産直

野菜は安くて種類が多い

お店や地域によって値段はまちまちだけど、総じてスーパーより安いものが多く、鮮度もよし。遠出したときは、通り道に産直があれば必ず立ち寄ります。

ネットショップ

缶詰や保存食系が安い

配送料次第で割高になる場合がありますが、缶詰などの保存食材はスーパーより安いことも。楽天市場、アマゾンともにセール時がおトク！

10 割高なひき肉は自分で作る

子どもが食べやすいひき肉は出番が多いけれど、意外と高いのが難点。安い肉が手に入らなかったときは、豚こま切れや鶏胸肉をフードプロセッサーでひいて自家製ひき肉を作っています。あっという間に作れて安上がり。半端野菜も一気にみじん切りできるし、フープロが1台あると使えますよ。

11 お腹にたまる揚げものおかずを多めにする

節約料理は、安食材でどれだけ満足させられるかがカギ。その点、揚げものの満足感はバツグン！ 半端野菜やちくわ、厚揚げ、納豆など地味な食材も、揚げるだけでメインおかずになります。少ない油で揚げ焼きにすると、あと片づけもラク。困ったときこそ「揚げもの」の出番です。

12 底値を頭に入れておく

値段を見て買い物していると、だんだん食材の平均値が把握できるようになります。私の場合、よく買う食材の底値や平均価格を覚えておき、それより高ければ買わないルール。高いパプリカやアスパラガスも「これならOK」と思える値段のときだけ買うようにしています。

パプリカは見切り品なら買う!

memi's底値表
（大阪市内のスーパー）

鶏胸肉	39〜59円/g
鶏もも肉	58〜89円/g
合いびき肉	98〜128円/g
豚こま切れ肉	88〜128円/g
玉ねぎ	19円/g
小松菜	1わ128〜178円
ほうれん草	1わ158〜178円
ちくわ	4本49円
牛乳	187円/ℓ
豆腐(300g)	29円

13 在庫はつねに把握する

食材は使い切りを徹底。そのために、保存や収納は見やすくスッキリを心がけています。乾物や缶詰などのストック食材はかごに立てて収納、冷蔵庫は「すぐ使う」「半端もの」などエリアを決めておくと在庫確認がしやすく、使い残しや廃棄がなくなります。

14 調味料や粉もケチケチ使う

ころもはちょびっと

揚げ油は深さ3cm

ころもづけの水溶き小麦粉は、余らせないように少量だけ作る。揚げものはフライパンで少ない油で揚げる。味つけの調味料は計量スプーンではかって入れる。どれも金額にしたら微々たるものですが、調味料や粉も立派な食材。極力ムダを出さないようにしています。

15 野菜は自分でも作る

大葉

ミニトマト

大葉、パセリ、ミニトマト、ハーブなどプランターで簡単に育てられるものは、ミニ家庭菜園で野菜代を浮かせています。とくに大葉は、98円の苗で何十枚分もとれるので、買うよりずっと安い！　豆苗も、根元を水につけておくだけで再生可能。汁ものや副菜に活用できます。

Part 1

気分が上がる！
ワンプレートごはん

節約中でも、華やかでおいしいごはんを作りたくて
考えたワンプレートごはん。彩りよく、かわいく
盛りつけられたらワクワク！ 節約モチベを保つのにも
大いに役立っています。右ページで盛りつけのコツを
紹介しているので、ぜひ参考にしてくださいね。

memi's Recipe
One Plate

カフェ気分満点

洗いもの
ラクチン

とにかくかわいい

コツをつかめば簡単！
おしゃれな盛りつけ方

広めのリムはおしゃれに見える

←26cm→

斜めに立ち上がりがあると盛りつけやすい

お皿選び

直径26cmでリム（ふち）のあるお皿がおすすめ

バランスよく盛りつけるのにベストなお皿は26cm。献立に合わせて使い分けるなら、無地の白を基本に紺や茶色など濃いめの色もあると便利です。ダイソーで見つけた200円皿もクセがなく、かなり盛りつけやすくておすすめです。

基本の盛りつけ方

ご飯を囲むようにおかずを盛ります

メイン、サブ2品、スープ、サラダ、ご飯の6つを盛る場合、お皿の真ん中から上に置くイメージです。メインは最後。もし、盛りつけるのが難しかったらご飯やスープは外に出し、おかずとサラダだけまとめてもいいですよ。

1 ご飯、サラダ、スープをのせる

ご飯は小鉢や茶碗に入れて伏せる

型抜きご飯は、水で濡らした茶碗などに詰め、器に伏せて取り出すだけ。サラダはレタスや貝割れ菜などそのとき安いものを盛り、手作りドレッシングでいただきます。

2 副菜を盛る

味移りが気になるときは小鉢を使って

汁けがあるものや、細かいおかず、たれやソースは小皿に盛りつけ。あまり大きいとのせきれなくなるので、小皿は何種類か用意して組み合わせながら使います。

3 手前にメインおかずを盛って仕上げる

黒いりごまやふりかけがアクセントに

黒いりごまをふると全体が引き締まり、おしゃれな印象に。たたき梅やふりかけ、漬けものなどご飯のおともをのせてもOK。

ご飯とおかずの間に大葉を入れて味移り防止

おかずとご飯の間に大葉をはさむと彩りのアクセントになり、味移りも防げます。大葉はプランターでも簡単に育てられますよ。

memi's Recipe
One Plate
ワンプレート
ごはん
1人分
¥181

甘辛ペッパーチキン献立

胸肉は、マヨネーズ入りの下味でふっくらやわらか。ご飯がすすむ
スパイシーな味つけがポイントです（子ども用はこしょうをふる前に取り分けて）。
緑黄色野菜たっぷりの副菜で、栄養バランスも満点。

きのこのかきたまスープ
ほうれん草のツナあえ
サラダ
さっぱり梅にんじん
甘辛ペッパーチキン

- 副菜のほうれん草は小松菜で作っても。
- スープのきのこは好きな1種類でもOK。
- 梅にんじんは菜箸で巻きつけるように盛るときれい。

甘辛ペッパーチキン

材料（3人分）
鶏胸肉 … 1枚(300g)
Ⓐマヨネーズ … 大さじ1
　酒 … 大さじ½
　おろしにんにく・おろししょうが… 各小さじ⅓
片栗粉 … 大さじ3
Ⓑしょうゆ・みりん・酒 … 各大さじ1と½
　砂糖 … 大さじ1
　酢 … 小さじ2
粗びき黒こしょう … 少々
サラダ油 … 大さじ2

作り方
❶鶏肉は繊維を断つようにひと口大のそぎ切りにする。
❷ボウルに❶、Ⓐを入れてもみ込み、10分以上おく。片栗粉を加えて軽く混ぜる。
❸フライパンにサラダ油を熱し、❷を両面焼く。焼き色がついたら余分な脂をペーパータオルでふき取り、Ⓑを加えて強火で煮からめる。たれにとろみがついたら粗びき黒こしょうをふる。

さっぱり梅にんじん

材料（3人分）
にんじん(ピーラーでむく) … 1本(150g)
Ⓐ梅干し(塩分6％・種を取りたたく)
　… 小2〜3個(15g)
　白だし … 大さじ1

作り方
❶耐熱ボウルににんじんを入れ、ふんわりラップをかけて電子レンジで3分加熱する。
❷温かいうちにⒶを加えてあえる。

ほうれん草ののりツナあえ

材料（3人分）
ほうれん草 … 1わ(200g)
Ⓐツナ缶(汁ごと加える) … 1缶(70g)
　味つけのり(ちぎる) … 5枚
　しょうゆ … 小さじ1
　砂糖 … 小さじ½
　おろしにんにく … 少々
　白いりごま … 小さじ2

作り方
❶ほうれん草は1分ほど塩ゆでして冷水にとり、水けを絞って5cm長さに切る。
❷ボウルに❶、Ⓐを入れてあえる。

きのこのかきたまスープ

材料（3人分）
しいたけ(薄切り) … 3個
しめじ(小房に分ける) … ½パック
玉ねぎ(薄切り) … ¼個
Ⓐ水 … 2カップ
　鶏ガラスープの素 … 小さじ2
　しょうゆ … 小さじ1
　酒 … 大さじ1
卵(溶きほぐす) … 1個
細ねぎ(小口切り) … 少々

作り方
❶鍋にしいたけ、しめじ、玉ねぎ、Ⓐを入れて火にかけ、煮立ったら弱火にし、5〜6分煮る。
❷強火にして溶き卵を流し入れ、卵が固まってきたらやさしく混ぜる。器に盛り、細ねぎをのせる。

memi's Recipe
One Plate
ワンプレート
ごはん

1人分
¥241

アスパラ豚巻きカツ献立

薄切り肉は、見切り品のアスパラを巻いてかさ増し。手作りソースで
ごちそう度がアップします。チャウダーはあさりの代わりに
安いかにかまを利用。とろみをつけて本格的＆お腹もたまるスープに。

かにかまチャウダー
サラダ
作り方 P90
作りおき●パプリカマリネ
ひじきとコーンのマヨサラダ
アスパラ豚巻きカツ

Hint! 節約&アレンジのヒント
- アスパラはゆでたさやいんげんやにんじんでも。
- 副菜のパプリカが高いときは、P90の他の副菜に。
- ひじきの副菜は作りおき可。お弁当にもおすすめ。

アスパラ豚巻きカツ

材料(3人分)
豚こま切れ肉 … 250g
グリーンアスパラガス … 8本
塩・こしょう … 各少々
小麦粉(同量の水で溶く) … 大さじ3
パン粉 … 適量
Ⓐ トマトケチャップ … 大さじ2
　中濃ソース … 小さじ1
　砂糖 … 小さじ½
　カレー粉 … 小さじ¼
　おろしにんにく … 少々
揚げ油 … 適量

アスパラを芯にして豚肉をきつく巻きつけていくだけ。1枚で足りなければ2枚使ってもOK。

作り方
❶アスパラは、茎の下から豚肉が重なるように斜めに巻きつけ(穂先の下まで)、塩、こしょうをふる。水溶き小麦粉をからめてパン粉をまぶす。
❷フライパンに揚げ油を深さ2cmほど入れて170℃に熱し、❶を揚げる。器に盛り、混ぜ合わせたⒶ、好みでレモンを添える。

ひじきとコーンのマヨサラダ

材料(3人分)
乾燥芽ひじき(水でもどして固く絞る) … 大さじ4
冷凍コーン … 70g
にんじん(細切り) … ⅓本(50g)
Ⓐ マヨネーズ … 大さじ3
　白すりごま … 大さじ2
　しょうゆ・砂糖 … 各小さじ1
　和風顆粒だしの素 … 小さじ½

作り方
❶耐熱ボウルにひじき、にんじん、コーンを入れ、ふんわりラップをかけて電子レンジで3分加熱する。ざるにあげて水けをきる。
❷ボウルに❶、Ⓐを入れて混ぜる。

かにかまチャウダー

材料(3人分)
かに風味かまぼこ(2cm幅の斜め切り) … 4本
じゃがいも … 1個(100g)
バター … 10g
玉ねぎ(薄切り) … ¼個
Ⓐ 水・牛乳 … 各1カップ
　顆粒コンソメ … 小さじ2
片栗粉(同量の水で溶く) … 小さじ1

作り方
❶じゃがいもは1cm厚さの半月切りにして水にさらす。
❷鍋にバターを溶かし、水けをきった❶、玉ねぎを入れて軽く炒める。Ⓐを加えてひと煮立ちしたら弱火にし、5〜6分煮る。
❸かに風味かまぼこを加え、水溶き片栗粉を回し入れてとろみをつける。器に盛り、好みで粗びき黒こしょう、パセリをふる。

memi's column
量が足りないときは、ご飯は別盛りでもOK

ワンプレートごはんは見た目以上にボリュームがあるのですが、それでも家族に足りないと言われたら、ご飯を別に盛るのがおすすめ。ご飯ならおかわりしても割安だし、おかずを増やさず満腹に!

17

memi's Recipe
One Plate
ワンプレート
ごはん

1人分
¥194

チキンのトマトクリーム
グラタン献立

青菜や根菜の副菜で、野菜もたくさんとれるグラタン献立。
れんこんの副菜はポリ袋で手軽に下味つけができ、少ない油で
カリッと焼くだけ。ゆで卵を添えると彩りもボリュームもアップします。

- チキンのトマトクリームグラタン
- サラダ
- ゆで卵
- 作りおき●にんじんのマーマレードラペ　作り方 P90
- サクサクカレーれんこん
- 小松菜のマスタードあえ

Hint! 節約＆アレンジのヒント
- グラタンの鶏もも肉は胸肉やツナ缶に替えても。
- トマト缶の残りは冷蔵保存してソースやスープなどで消費。
- 足りないときは白ご飯とごはんの友(P91)をプラス。

チキンのトマトクリームグラタン

材料(3人分)
鶏もも肉(ひと口大に切る) … ½枚(150g)
マカロニ … 80g
塩・こしょう … 各少々
小麦粉 … 大さじ2
玉ねぎ(薄切り) … ¼個
牛乳 … ¾カップ
Ⓐ カットトマト缶 … ½缶(200g)
　顆粒コンソメ … 小さじ2
　砂糖 … 小さじ⅓
バター … 15g
ピザ用チーズ … 適量
サラダ油 … 小さじ½

作り方
❶ マカロニは袋の表示通りにゆでる。
❷ フライパンにサラダ油を熱し、鶏肉を並べて塩、こしょうをふり、両面焼く。焼き色がついたら玉ねぎを加えて炒め合わせ、しんなりしたら全体に小麦粉をふって軽く炒める。
❸ ❷に牛乳を少量ずつ加え、とろみがついたらⒶを加える。ひと煮立ちしたら❶、バターを加えて混ぜ、グラタン皿に⅓量ずつ移す。
❹ チーズをのせ、オーブントースターでチーズに焼き色がつくまで焼く。好みでパセリをふる。

memi's column
ホットケーキミックスでチーズハットグ風おやつ

ホケミに牛乳、塩少々を混ぜ、油をひいたたこ焼き器に生地を入れ、ソーセージ、チーズを入れて焼くだけ。トマトケチャップ、粉チーズ、粗びき黒こしょうをふると、お腹にたまる食事おやつに。

サクサクカレーれんこん

材料(3人分)
れんこん … 150g
Ⓐ しょうゆ … 小さじ2
　酒 … 小さじ1
　カレー粉 … 小さじ½
片栗粉 … 大さじ3
サラダ油 … 大さじ3

作り方
❶ れんこんは1cm幅のいちょう切りにして水にさらし、水けをふいてポリ袋に入れる。Ⓐを加えてもみ込み、10分以上おく。片栗粉を加えて混ぜる。
❷ 小さめのフライパンにサラダ油を熱し、❶をきつね色に3〜4分、カリッと焼き上げる。好みで塩、こしょうをふる。

小松菜のマスタードあえ

材料(3人分)
小松菜(5cm長さに切る) … 1わ(200g)
Ⓐ マスタード … 小さじ2
　めんつゆ(2倍濃縮) … 大さじ½
　砂糖 … 小さじ1
　しょうゆ … 小さじ½

作り方
❶ 耐熱ボウルに小松菜を入れ、ふんわりラップをかけて電子レンジで3分加熱する。水にさらし、水けを固く絞る。
❷ ボウルに❶、Ⓐを入れてあえる。

memi's Recipe
One Plate
ワンプレートごはん

1人分
¥179

ふわふわ梅大葉つくね献立

胸肉をフープロでひくと、ひき肉を買うより割安！　余りがちな麸や、家庭菜園でたくさんとれる大葉を加えて、さめてもおいしいかさ増しつくねにしました。ポテサラのツナ缶はポイ活でGET！

- サラダ
- 豆腐と三つ葉のすまし汁
- 和風ツナポテサラダ
- ほうれん草とかにかまの塩昆布あえ
- ふわふわ梅大葉つくね

Hint!
節約&
アレンジの
ヒント

● つくねは大葉抜きでもおいしく食べられる。
● スープの三つ葉は細ねぎで代用可能。
● ほうれん草のあえものは小松菜の副菜(P125参照)に変更しても。

ふわふわ梅大葉つくね

材料(3人分)
鶏ひき肉 … 250g
麩 … 20g
玉ねぎ(みじん切りにし、電子レンジで1分加熱) … ¼個
🅐 梅干し(塩分6％・種を取りたたく) … 小3〜4個(20g)
  大葉(ちぎる) … 10枚
  片栗粉 … 大さじ1
🅑 しょうゆ・みりん … 各大さじ1と½
  酒・砂糖 … 各大さじ1
サラダ油 … 小さじ1

作り方
❶ 麩はポリ袋に入れてめん棒でたたいて小さく砕き、ボウルに移す。水大さじ5を加えて軽く混ぜ5分ほどおき、麩をふやかす。
❷ ❶にひき肉、玉ねぎ、🅐を加えしっかり混ぜ合わせる。10等分にして平丸に成形する。
❸ フライパンにサラダ油を熱し、❷を並べる。焼き色がついたら上下を返してふたをし、弱めの中火で4〜5分蒸し焼きにする。🅑を加えて強火で煮からめる。

豆腐と三つ葉のすまし汁

材料(3人分)
絹ごし豆腐(さいの目切り) … 100g
三つ葉(5cm長さに切る) … ¼袋
🅐 水 … 2カップ
  白だし … 大さじ2
  みりん … 小さじ1
  塩 … 1つまみ

作り方
❶ 鍋に豆腐、🅐を入れて火にかけ、煮立ったら弱火にし、三つ葉を加えて1〜2分煮る。

和風ツナポテサラダ

材料(3人分)
じゃがいも … 2個(200g)
🅐 ツナ缶(汁ごと加える) … 1缶(70g)
  マヨネーズ … 大さじ3
  和風顆粒だしの素 … 小さじ⅓
  砂糖 … 小さじ⅓
粗びき黒こしょう … 少々

作り方
❶ じゃがいもは1cm幅の半月切りにし、水にさらす。水けをきって耐熱ボウルに入れ、ふんわりラップをかけて電子レンジで5〜6分加熱する。
❷ ❶が温かいうちにマッシャーなどで潰し、粗熱がとれたら🅐を加えてあえる。器に盛り、粗びき黒こしょうをふる。

ほうれん草と
かにかまの塩昆布あえ

材料(3人分)
ほうれん草 … 1わ(200g)
かに風味かまぼこ(手で割く) … 5本
🅐 塩昆布 … 大さじ2
  白だし … 小さじ1
  ごま油・白いりごま … 各小さじ2

作り方
❶ ほうれん草は塩ゆでして水にさらし、固く絞って4〜5cm長さに切る。
❷ ボウルに❶、かに風味かまぼこ、🅐を入れてあえる。

memi's Recipe
One Plate
ワンプレート
ごはん
1人分
¥227

白身魚とブロッコリーの フリッター献立

魚は高いけれど、たまには食べたいもの。そこで、ブロッコリーとともにフリッターにしてボリュームアップ！ スープの野菜は小さく切ると子どもも食べやすく、半端野菜も使い切れていいこと尽くし。

- コロコロ野菜スープ
- マカロニ卵サラダ
- サラダ
- レンチン玉ねぎベーコン
- 白身魚とブロッコリーのフリッター

Hint! 節約&アレンジのヒント

- ブロッコリーの茎も細長く切ってフリッターに♪
- 玉ねぎベーコンはベーコンなしで作ってもおいしい。
- マカロニサラダはゆで卵入りにすると豪華。

白身魚とブロッコリーのフリッター

材料（3人分）
- 白身魚（たらなど、ひと口大に切る）… 2切れ（200g）
- ブロッコリー（小房に分ける）… ⅓個
- 塩・こしょう … 各少々
- Ⓐ 小麦粉 … 70g
  - マヨネーズ … 大さじ2
  - 水 … 70mℓ
  - 顆粒コンソメ … 小さじ2
  - おろしにんにく … 小さじ⅓
- 揚げ油 … 適量

作り方
1. ブロッコリーはゆでて水けをしっかりふき、白身魚とともに塩、こしょうをふる。
2. ボウルにⒶを混ぜ、❶を加えてころもをつける。
3. 鍋に揚げ油を深さ3cmほど入れて170℃に熱し、❷をきつね色に揚げる。

コロコロ野菜スープ

材料（3人分）
- にんじん（さいの目に切る）… ⅓本
- かぼちゃ（さいの目に切る）… 80g
- 玉ねぎ（さいの目に切る）… ¼個
- 水 … 2カップ
- 顆粒コンソメ … 小さじ2
- しょうゆ・みりん … 各小さじ1

作り方
1. 鍋にすべての材料を入れて火にかけ、ひと煮立ちしたら弱火にして7〜8分煮る。

マカロニ卵サラダ

材料（3人分）
- マカロニ … 50g
- ゆで卵（8等分に切る）… 1個
- きゅうり（薄い輪切り）… ½本
- 塩 … 1つまみ
- Ⓐ マヨネーズ … 大さじ2
  - トマトケチャップ … 小さじ1
  - 砂糖 … 小さじ½
- 塩・こしょう … 各少々
- オリーブ油 … 小さじ½

作り方
1. マカロニは袋の表記通りにゆでて水で洗う。水けをきってボウルに入れ、オリーブ油を加えて混ぜる。
2. きゅうりは塩をもみ込み、10分ほどおいて水けを固く絞る。
3. ❶に❷、Ⓐ、ゆで卵を加えて混ぜ、塩、こしょうで味をととのえる。

レンチン玉ねぎベーコン

材料（3人分）
- 玉ねぎ（くし形切り）… ⅔個
- ベーコン（細切り）… 2枚
- Ⓐ バター … 10g
  - めんつゆ（2倍濃縮）… 大さじ1
- 粗びき黒こしょう … 少々

作り方
1. 耐熱ボウルに玉ねぎ、ベーコン、Ⓐを入れ、ふんわりラップをかけて電子レンジで4〜5分加熱する。取り出して混ぜ、器に盛り、粗びき黒こしょうをふる。

memi's Recipe
One Plate
ワンプレート
ごはん
1人分
¥193

チキンステーキ献立

胸肉1枚から3人分を作るコツは、厚みを開いてめん棒でたたくこと。
ビッグサイズになるうえ、食感もやわらか〜になります♪
添えた半熟卵も、ステーキのたれをつけて食べると立派な副菜に。

サラダ

きのこのミルクスープ

作り方 P90
作りおき●にんじんのマーマレードラペ

長いものハムマヨサラダ

チキンステーキ 半熟卵添え

Hint! 節約&アレンジのヒント

- 長いもサラダはP28ののり塩マッシュポテトに変えても。
- きのこポタージュのきのこはまいたけだけでもOK。
- ステーキはそぎ切りにし、広げて盛るとボリュームアップ。

チキンステーキ 半熟卵添え

材料（3人分）
鶏胸肉 … 1枚(300g)
塩・こしょう … 各少々
片栗粉 … 大さじ2
Ⓐ しょうゆ・みりん … 各大さじ1と½
　 砂糖 … 大さじ1
　 カレー粉 … 小さじ½
　 おろしにんにく … 小さじ⅓
ゆで卵(半熟にゆでる) … 3個
サラダ油 … 大さじ1

作り方
❶鶏肉は厚みのある部分を開いてラップをかぶせ、めん棒でたたいて厚さ1.5cmほどにする。縦3等分に切って塩、こしょうをふり、片栗粉をまぶす。
❷フライパンにサラダ油を熱し、❶を焼く。両面に焼き色がついたらペーパータオルで余分な脂をふき、Ⓐを加えて強火で煮からめる。
❸❷を切り分けて器に盛り、好みで粉チーズをふる。ゆで卵を半分に切って添える。

鶏肉はめん棒でたたいて1.5倍の大きさに伸ばします。食感もやわらかく変身。

長いものハムマヨサラダ

材料（3人分）
長いも … 250g
ハム(短冊切り) … 3枚
Ⓐ マヨネーズ … 大さじ1
　 鶏ガラスープの素 … 小さじ½
　 粗びき黒こしょう … 少々

作り方
❶長いもは1cm幅の半月切りにし、水にさらす。水けをきって耐熱ボウルに入れ、ふんわりラップをかけて電子レンジで5〜6分加熱し、ざるにあげる。
❷❶が温かいうちにマッシャーなどで潰し、粗熱がとれたらハム、Ⓐを加えて混ぜる。

きのこのミルクスープ

材料（3人分）
まいたけ(ほぐす) … ½パック
しいたけ(4等分に切る) … 3個
Ⓐ 水・牛乳 … 各1カップ
　 顆粒コンソメ … 小さじ2
バター … 5g

作り方
❶鍋にきのこ、Ⓐを入れて火にかけ、ひと煮立ちしたら弱火にして5〜6分煮る。
❷バターを加えて溶かし、器に盛り、好みでパセリをふる。

---

memi's column

ゆで卵は先を少し切り、肉の下にはキャベツを敷いてかさ増し

コロコロして盛りつけにくいゆで卵は、先端を包丁で少しだけ切り落とすと安定します。ステーキ系のボリュームを出したいときは、肉の下にキャベツのせん切りを敷くと立体感が出ておいしそうな見た目に！

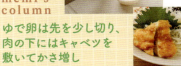

memi's Recipe
One Plate
ワンプレート
ごはん
1人分
¥262

ゴロゴロ豚とアスパラの がリバタ炒め献立

時間がないときは、簡単炒めものプレートで決まり。作りおきの副菜も添えて、品数を手軽に増やします。ポイ活食材のトマト缶やベーコンは具だくさんの野菜スープにして腹持ちのいい一品に。

野菜たっぷりトマトスープ
サラダ
作り方 P90
作りおき●れんこんのカレーオイルあえ
かぼちゃの卵サラダ
ゴロゴロ豚とアスパラのがリバタ炒め

Hint! 節約&アレンジのヒント
- れんこんの副菜はP90の別の作りおき副菜にしても。
- かぼちゃの卵サラダはP59のかぼちゃのチーズサラダでも。
- スープの野菜は家にある食材で自由にアレンジして。

ゴロゴロ豚とアスパラのガリバタ炒め

材料(3人分)
豚肩ロース厚切り肉(2cm角に切る) … 250g
グリーンアスパラガス(5cm長さの斜め切り) … 5本
塩・こしょう … 各少々
小麦粉 … 大さじ1
Ⓐ しょうゆ・酒・みりん … 各大さじ1
　砂糖 … 小さじ1
　おろしにんにく … 小さじ1/3
　バター … 10g
サラダ油 … 小さじ1

作り方
❶豚肉は塩、こしょうをふり、小麦粉をまぶす。
❷フライパンにサラダ油を熱し、❶を焼く。両面に焼き色がついたら、ペーパータオルで余分な脂をふき、アスパラガスを加えて軽く炒める。
❸Ⓐを加えて強火にし、たれにとろみがつくまでからめる。

かぼちゃの卵サラダ

材料(3人分)
かぼちゃ(皮をむいてひと口大に切る) … 180g
玉ねぎ(薄切り) … 1/4個
Ⓐ マヨネーズ … 大さじ2
　鶏ガラスープの素 … 小さじ1/3
ゆで卵 … 2個

作り方
❶耐熱ボウルにかぼちゃ、玉ねぎを入れ、ふんわりラップをかけて電子レンジで5~6分加熱する。温かいうちにマッシャーなどでつぶす。
❷❶の粗熱がとれたらⒶを加えて混ぜる。ゆで卵を加えて、スプーンなどで軽く潰してさっくり混ぜる。器に盛り、好みで粗びき黒こしょうをふる。

野菜たっぷりトマトスープ

材料(3人分)
ベーコン(1cm幅に切る) … 2枚
玉ねぎ(繊維を断つように1cm幅に切る) … 1/2個
キャベツ(ひと口大に切る) … 80g
Ⓐ カットトマト缶 … 1/4缶(100g)
　水 … 2と1/2カップ
　顆粒コンソメ … 小さじ2
　しょうゆ・みりん … 各小さじ1
　砂糖 … 小さじ1/2
オリーブ油 … 小さじ1/2

作り方
❶鍋にオリーブ油を熱し、ベーコンを焼く。焼き色がついたら玉ねぎ、キャベツを加えて軽く炒める。
❷Ⓐを加え、煮立ったら弱火にして6~7分煮る。器に盛り、好みでパセリをふる。

---

memi's column

おすすめ100均グッズ①
コンパクトおろし金

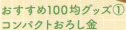

小ぶりで薄く、かさばらないサイズがお気に入り。引き出しにも収納しやすく、使うときにサッと取り出せます。受け皿一体型なので、薬味をおろして、受け皿で調味料を合わせられるのも便利。

memi's Recipe
One Plate
ワンプレート
ごはん
1人分
¥191

ベーコンチキンカツ献立

胸肉はたたいて広げ、さらにチーズとベーコンをはさんでボリュームアップ。胸肉とは思えないほどやわらかく、パーティおかずにもなるおいしさです。カツは断面を見せて盛りつけるとごちそう感倍増！

- 作り方 P90　作りおき● レンチンきのこのアヒージョ
- サラダ
- なすとトマトの和風マリネ
- のり塩マッシュポテト
- とろ〜りチーズのベーコンチキンカツ

> **Hint!** 節約&アレンジのヒント
> - チキンカツは大葉を抜いてもおいしい。
> - カツの揚げ油は深さ3cmで十分。油もしっかり節約。
> - マリネのトマトが高いときはなすだけで作っても。

とろ〜りチーズのベーコンチキンカツ

材料（3人分）
鶏胸肉 … 小1と½枚(360g)
ベーコン … 3枚
スライスチーズ(半分に切る) … 3枚
大葉 … 6枚
ハーブソルト（なければ塩・こしょう）… 少々
Ⓐ 小麦粉 … 大さじ4と½
　水 … 大さじ4
パン粉 … 適量
揚げ油 … 適量

作り方
❶ 鶏肉は厚みがある部分を開いてラップをかぶせ、めん棒でたたいて厚さを5mmほどにする。1枚分は縦半分に切る。
❷ 鶏肉1切れを横に広げてハーブソルトを全体にふり、下半分に大葉2枚、チーズ、ベーコン各1枚分を順にのせ、具材をはさむように肉をたたむ（下写真参照）。残りも同様にして作る。合わせたⒶをからめてパン粉をまぶし、しっかり押さえつける。
❸ フライパンに揚げ油を深さ3cmほど入れて170℃に熱し、❷を5〜6分ほど上下を返しながらじっくり揚げる。切り分けて器に盛る。

胸肉を開いて厚みを均一にしたら、手前の下半分に大葉、チーズ、ベーコンを順にのせます。

肉をかぶせ、はみ出た部分を内側にたたみます。

のり塩マッシュポテト

材料（3人分）
じゃがいも … 2個(200g)
Ⓐ 青のり … 小さじ1
　牛乳 … 大さじ3
　顆粒コンソメ … 小さじ½
　バター … 10g
塩・こしょう … 各少々

作り方
❶ じゃがいもは1cm幅の半月切りにして水にさらし、水けをきる。
❷ 耐熱ボウルに❶を入れ、ふんわりラップをかけて電子レンジで5〜6分加熱する。温かいうちにマッシャーなどで潰し、Ⓐを加えて混ぜる。バターが溶けたら塩、こしょうで味をととのえる。

なすとトマトの和風マリネ

材料（3人分）
なす(乱切りにして水にさらす) … 1本(100g)
トマト(乱切り) … 1個
Ⓐ オリーブ油 … 大さじ1
　めんつゆ(2倍濃縮) … 大さじ1
　酢 … 大さじ½
　砂糖 … 小さじ1
　おろしにんにく・塩 … 各小さじ⅓
サラダ油 … 小さじ2

作り方
❶ フライパンにサラダ油を熱し、水けをふいたなすを皮目から入れて、焼き色がつくまで焼く。
❷ バットにⒶを入れて混ぜ、❶、トマトを加えてあえる。粗熱がとれたら野菜にラップを密着させて冷蔵室で1時間ほどおく。

memi's Recipe
One Plate
ワンプレート
ごはん
1人分
¥199

牛肉の糸こんチャプチェ献立

ふだんは無縁の牛肉ですが、たま〜に100g200円以下の激安に出合うことも。そんなときに作りたい献立がこれ。糸こんにゃくと炒めると、少ない量の牛肉でも満足度の高いおかずになります。

にんじんと卵のスープ
サラダ
紅しょうがのはんぺんだんご
小松菜の甘酢あえ
牛肉の糸こんチャプチェ

Hint! 節約&アレンジのヒント
- チャプチェの牛肉は豚肉で作ってもおいしい。
- 甘酢あえはチンゲン菜などそのとき安い青菜でも。
- お弁当にも向くはんぺんだんごは紅しょうがでアクセントを。

牛肉の糸こんチャプチェ

材料(3人分)
牛こま切れ肉 … 100g
糸こんにゃく(7〜8cm長さに切る) … 200g
塩 … 適量
こしょう … 少々
にんじん(細切り) … 1/3本
ピーマン(細切り) … 2個
もやし … 100g
Ⓐ しょうゆ・酒 … 各大さじ1
　 オイスターソース … 小さじ2
　 砂糖 … 小さじ1
　 おろしにんにく … 小さじ1/2
　 おろししょうが … 小さじ1/2
サラダ油 … 小さじ1

作り方
① 小鍋に糸こんにゃく、かぶるくらいの水、塩小さじ1/2を入れて火にかける。沸騰後、1分ゆでてざるにあげる。
② フライパンにサラダ油を熱し、牛肉を入れて塩少々、こしょうをふる。肉の色が変わったらにんじんを加えて炒め、しんなりしたらピーマン、もやしを加えて炒め合わせる。
③ ①、Ⓐを加え、強火で1〜2分煮からめる。器に盛り、好みで小口切りした細ねぎをのせる。

小松菜の甘酢あえ

材料(3人分)
小松菜(5cm長さに切る) … 1わ(200g)
Ⓐ ごま油 … 大さじ1/2
　 しょうゆ・砂糖 … 各大さじ1/2
　 酢 … 小さじ1

作り方
① 耐熱ボウルに小松菜を入れ、ふんわりラップをかけて電子レンジで3分加熱する。水にさらし、水けを固く絞る。
② ボウルに①、Ⓐを入れてあえる。

紅しょうがのはんぺんだんご

材料(3人分)
はんぺん … 1枚
ちくわ … 2本
Ⓐ 紅しょうが … 小さじ2
　 マヨネーズ … 小さじ2
　 青のり … 小さじ1
　 片栗粉 … 大さじ1
サラダ油 … 大さじ2

作り方
① はんぺんはポリ袋に入れ、上から指で押して粗く潰す。
② ちくわは縦4等分に切って、1cm幅に切る。Ⓐとともに①に加えてよくもみ込み、10等分に丸く成形する。
③ フライパンにサラダ油を熱し、②をきつね色に焼く。

にんじんと卵のスープ

材料(3人分)
にんじん(細切り) … 1/3本(50g)
卵(溶きほぐす) … 1個
Ⓐ 水 … 2カップ
　 鶏ガラスープの素 … 大さじ1/2
　 酒 … 大さじ1/2
　 オイスターソース … 小さじ1
　 しょうゆ … 小さじ1
　 おろししょうが … 小さじ1/3
白いりごま … 少々

作り方
① 鍋ににんじん、Ⓐを入れて火にかけ、ひと煮立ちしたら弱火にして3〜4分煮る。強火にして溶き卵を回し入れ、卵が固まってきたらやさしく混ぜる。器に盛り、白いりごまをふる。

memi's Recipe
One Plate
ワンプレート
ごはん

1人分
¥179

じゃがソーセージの
スコップコロッケ献立

月末や週末のカツカツな日におすすめの献立がこちら。
ソーセージやちくわなど買いおきできる加工品活用だから安上がり。
メインのクリームコロッケも、成形いらずで簡単ラクチン！

サラダ
じゃがソーセージのスコップコロッケ
作り方 P90 作りおき●キャベツのマスタードラペ
ほうれん草と卵のごまマヨ
カレーちくわ天

Hint! 節約&アレンジのヒント
- コロッケのソーセージはブロックベーコンでもOK。
- 副菜のほうれん草は、小松菜など安い青菜に変えても。
- カレーちくわ天はお弁当おかずにもおすすめ。

じゃがソーセージのスコップコロッケ

材料(3人分)
じゃがいも(1cm幅の半月切り) … 2個(200g)
ソーセージ(1cm幅の輪切り) … 6本
玉ねぎ(薄切り) … ¼個
小麦粉 … 大さじ1
牛乳 … ½カップ
Ⓐ顆粒コンソメ … 小さじ⅓
　バター … 5g
ピザ用チーズ・パン粉 … 各適量
サラダ油 … 小さじ½

作り方
❶じゃがいもは水にさらして水けをきる。
❷耐熱ボウルに❶、玉ねぎを入れ、ふんわりラップをかけて電子レンジで5〜6分加熱する。温かいうちにマッシャーなどでつぶす。
❸別の耐熱ボウルに小麦粉を入れ、牛乳を少量ずつ加えて混ぜ合わせる。ラップをかけずに電子レンジで1分加熱し、取り出して混ぜる。さらに30秒加熱して混ぜ、Ⓐを加えて混ぜる。
❹フライパンにサラダ油を熱し、ソーセージを軽く炒める。
❺❷のボウルに、❸、❹を加えて混ぜ、グラタン皿に⅓量ずつ移す。ピザ用チーズをのせてパン粉をまぶし、オーブントースター(1000w)で焼き色がつくまで5〜6分ほど焼く。好みでパセリをふる。

ほうれん草と卵のごまマヨ

材料(3人分)
ほうれん草 … 1わ(200g)
半熟ゆで卵(横半分に切り、さらに半分に切る) … 3個
Ⓐマヨネーズ … 大さじ2
　白すりごま … 大さじ1
　しょうゆ … 小さじ1
　砂糖 … 小さじ½
　和風顆粒だしの素 … 小さじ⅓

作り方
❶ほうれん草は塩ゆでして水にさらし、固く絞って4〜5cm長さに切る。
❷ボウルに❶、Ⓐを加えて混ぜ、ゆで卵を加えてさっくり混ぜる。

カレーちくわ天

材料(3人分)
ちくわ(縦半分に切り、横半分に切る) … 4本
Ⓐ小麦粉 … 大さじ3
　水 … 大さじ2
　マヨネーズ … 大さじ1
　カレー粉 … 小さじ⅓
　鶏ガラスープの素 … 小さじ¼
サラダ油 … 大さじ3

作り方
❶ボウルにⒶを入れて混ぜ、ちくわを加えてころもをからめる。
❷小さめのフライパンにサラダ油を熱し、❶を揚げ焼きにする。器に盛り、好みで粗びき黒こしょうをふったマヨネーズを添える。

---

memi's column
おすすめ100均グッズ②
調味料ケース

小麦粉や片栗粉などの粉類は、ケースに移し替えて冷蔵室の上段に。手早く取り出せて時短になり、防虫にもなります。この容器は付属のスプーンがケースのふちに置けるようになっているのも使いやすいんです。

memi's Recipe
One Plate
ワンプレート
ごはん
1人分
¥172

サクサク
クリスピーチキン献立

子どもが好きなクリスピーチキンは、安い胸肉で作れるお助けおかず。
スープや酢のものは和風にして、大人もうれしい献立にします。
取った鶏皮は副菜のきんぴらに加えてムダなく使い切り！

- にんじんともやしの和風スープ
- サラダ
- 鶏皮とごぼうのきんぴら
- 作り方 P91 作りおき●大根の中華風はりはり漬け
- かにかまきゅうりの酢のもの
- サクサク クリスピーチキン

Hint! 節約&アレンジのヒント
- チキンは棒状に切るとサクサク。鶏皮は捨てずに副菜で活用。
- チキンの下味はマヨを入れるとふっくら仕上げに。
- スープの野菜は冷蔵庫の余りものに変えても大丈夫。

サクサク クリスピーチキン

材料(3人分)
鶏胸肉(皮を取り、棒状に切る) … 1枚(300g)
Ⓐマヨネーズ … 大さじ1
　しょうゆ・酒 … 各小さじ1
　鶏ガラスープの素 … 小さじ1
　カレー粉 … 小さじ½
　おろしにんにく … 小さじ⅓
片栗粉 … 大さじ5
揚げ油 … 適量

作り方
❶ボウルに鶏肉、Ⓐを入れてもみ込み、10分以上おく。片栗粉を加えて全体にしっかり粉を混ぜる。
❷フライパンに揚げ油を深さ2cmほど入れて170℃に熱し、❶をきつね色に揚げる。好みでレモンを添える。

鶏皮とごぼうのきんぴら

材料(3人分)
鶏皮(キッチンばさみで細長く切る) … 2〜3枚
ごぼう(ピーラーでむき、水にさらす) … 100g
Ⓐ水 … 1カップ
　しょうゆ・砂糖 … 各小さじ2
　酒 … 小さじ1
　おろししょうが … 小さじ⅓

作り方
❶フライパンを熱し、鶏皮を炒める。焼き色がついたら水けをきったごぼうを加えて炒め、しんなりしたらⒶを加えて強めの中火にし、水分がなくなるまで炒め煮にする。
❷器に盛り、好みで一味唐辛子をふる。

かにかまきゅうりの酢のもの

材料(3人分)
きゅうり(薄い輪切り) … 2本
かに風味かまぼこ(手で割く) … 5本
塩 … 小さじ⅓
Ⓐ砂糖 … 小さじ1
　白だし … 大さじ½
　酢 … 小さじ2

作り方
❶きゅうりは塩をもみ込み、10分ほどおいて水けを固く絞る。
❷ボウルに❶、かに風味かまぼこ、Ⓐを入れて混ぜる。

にんじんともやしの和風スープ

材料(3人分)
にんじん(細切り) … ⅕本(30g)
もやし … 70g
玉ねぎ(薄切り) … ¼個
Ⓐ水 … 2カップ
　めんつゆ(2倍濃縮) … 大さじ2と½
　しょうゆ・みりん … 各小さじ2
　おろししょうが … 小さじ⅓
細ねぎ(小口切り) … 少々

作り方
❶鍋ににんじん、玉ねぎ、Ⓐを入れて火にかけ、煮立ったら弱火にして3〜4分煮る。
❷もやしを加えて2〜3分煮たら器に盛り、細ねぎをのせる。

memi's Recipe
One Plate
ワンプレート
ごはん

1人分
¥243

豚肉とチンゲン菜の中華卵炒め献立

この献立は卵と牛乳が影の立役者。肉少なめの炒めものはいり卵で増量し、もやしスープは牛乳でコクのあるとんこつ風に。紺や黒の食器に盛ると、安食材とは思えない映えプレートになります。

- もやしのとんこつ風スープ
- サラダ
- きゅうりの中華漬け
- 厚揚げのから揚げ
- 豚肉とチンゲン菜の中華卵炒め

- 炒めもののチンゲン菜は小松菜に変更OK。
- 厚揚げはから揚げにしてがっつり満足おかずに。
- きゅうりが高いときは、ほかの野菜の副菜でも（P124参照）。

豚肉とチンゲン菜の中華卵炒め

材料（3人分）
豚バラ薄切り肉（5cm長さに切る）… 200g
チンゲン菜 … 300g
卵（溶きほぐす）… 2個
Ⓐ しょうゆ・酒 … 各大さじ1
　オイスターソース・砂糖 … 各小さじ1
　片栗粉 … 小さじ⅓
　水 … 大さじ2
サラダ油 … 小さじ2

作り方
❶チンゲン菜の茎は縦半分に切り、3〜4等分に切る。葉は3cm幅に切る。
❷フライパンにサラダ油小さじ1と½を熱し、溶き卵を流し入れる。菜箸で混ぜて炒り卵にし、半熟状で取り出す。
❸❷のフライパンにサラダ油小さじ½を熱し、豚肉を炒める。肉の色が変わったらチンゲン菜の茎を加えて炒め、軽く火が通ったら葉の部分を加えて炒め合わせる。
❹混ぜ合わせたⒶを加えてとろみがつくまで炒め、❷を加えて軽く混ぜる。器に盛り、好みで糸唐辛子を飾る。

厚揚げのから揚げ

材料（3人分）
厚揚げ … 1と½枚（約200g）
Ⓐ しょうゆ … 大さじ½
　みりん … 大さじ½
　鶏ガラスープの素 … 小さじ1
　おろしにんにく … 小さじ½
　おろししょうが … 小さじ½
片栗粉 … 大さじ4
サラダ油 … 大さじ3

作り方
❶厚揚げは熱湯をかけて水けをふき、手でひと口大にちぎる。
❷ポリ袋に❶、Ⓐを入れて軽くもみ込み、10分おく。片栗粉を加えて袋をふり、全体にまぶす。
❸フライパンにサラダ油を熱し、❷をきつね色に揚げ焼きする。

きゅうりの中華漬け

材料（3人分）
きゅうり … 1と½本
塩 … 小さじ⅓
Ⓐ ごま油・酢・砂糖 … 各小さじ1
　しょうゆ … 小さじ2
　赤唐辛子（輪切り）… 少々

作り方
❶きゅうりは2mm幅に斜めに切り込みを入れ、3cm長さに切る。塩をもみ込み、15分おいて、2〜3個ずつ水けを固く絞る。
❷ポリ袋に❶、Ⓐを入れて軽くもみ込み、空気を抜いて袋の口を閉じ、5分ほどおく。

もやしのとんこつ風スープ

材料（3人分）
もやし … 80g
キャベツ（1cm幅に切る）… 80g
Ⓐ 水・牛乳 … 各1カップ
　鶏ガラスープの素 … 大さじ½
　みそ … 大さじ½
　酒 … 小さじ2
　おろしにんにく … 小さじ⅓
紅しょうが・細ねぎ（小口切り）
　… 各少々
ごま油 … 小さじ1

作り方
❶鍋にキャベツ、Ⓐを入れて火にかけ、煮立ったら弱火にして5〜6分煮る。
❷もやしを加えて2〜3分煮たら、ごま油を回しかける。器に盛り、紅しょうが、細ねぎをのせ、好みで白いりごまをふる。

memi's Recipe
One Plate
ワンプレート
ごはん

1人分
¥194

麻婆なす献立

白いごはんにかけてがっつり食べたい麻婆なす献立。辛味は入れていないので、子どもも食べられる味つけです。キムチと春雨さえあれば10分で作れるピリ辛春雨あえは、時間がない日のお助けおかず。

豆腐とえのきの中華とろみスープ
作り方 P91 作りおき●フライドオニオン
チンゲン菜のごまあえ
サラダ
ピリ辛春雨あえ
麻婆なす

Hint!
節約＆
アレンジの
ヒント

● ひき肉は、こま切れ肉をフープロでひくとさらに節約。
● ごまあえのチンゲン菜は小松菜で代用可能。
● サラダは季節に応じていちばん安い野菜を使って。

麻婆なす

材料（3人分）
豚ひき肉 … 150g
なす（乱切りして水にさらす）… 2〜3本（250g）
❶長ねぎ（みじん切り）… ¼本
　にんにく（みじん切り）… 1片
　しょうが（みじん切り）… 1かけ
❷甜麺醤・酒 … 各大さじ1
　鶏ガラスープの素 … 小さじ1
　オイスターソース … 小さじ2
　水 … 1カップ
片栗粉（同量の水で溶く）… 小さじ2
細ねぎ（小口切り）… 少々
サラダ油 … 小さじ3

作り方
❶フライパンにサラダ油小さじ2を熱し、水けをふいたなすを皮目から焼く。全体に焼き色がついたらいったん取り出す。
❷❶のフライパンにサラダ油小さじ1を熱し、❶を炒める。香りが出たらひき肉を加えて炒め、肉の色が変わったら混ぜ合わせた❷を加える。
❸ひと煮立ちしたら❶を戻し入れ、2分ほど煮る。弱火にし水溶き片栗粉を回し入れ、とろみがついたら器に盛る。細ねぎをのせ、好みで糸唐辛子を飾る。

チンゲン菜のごまあえ

材料（3人分）
チンゲン菜 … 200g
❶ごま油・めんつゆ（2倍濃縮）… 各小さじ2
　白すりごま … 大さじ1と½
　おろししょうが … 小さじ⅓
塩 … 少々

作り方
❶チンゲン菜の茎は縦半分に切ってさらに3〜4等分に切り、葉は3cm長さに切る。耐熱ボウルに入れ、ふんわりラップをかけて電子レンジで4分加熱する。水にさらし、水けを固く絞る。❶であえ、塩で味をととのえる。

ピリ辛春雨あえ

材料（3人分）
乾燥春雨 … 50g
白菜キムチ（大きければ切る）… 60g
水 … 1カップ
❶ごま油 … 小さじ2
　鶏ガラスープの素 … 小さじ1
　砂糖・コチュジャン … 各小さじ½
　酢 … 小さじ1

作り方
❶耐熱ボウルに春雨、水を入れ、ふんわりラップをかけて電子レンジで3分加熱する。軽く混ぜ、5分ほどおいてざるにあげる。
❷熱いうちに❶をボウルに入れ、白菜キムチ、❶を加えてあえる。

豆腐とえのきの
中華とろみスープ

材料（3人分）
絹ごし豆腐（さいの目切り）… 70g
えのきだけ（根元を落とし5cm幅に切る）… ¼袋
長ねぎ（斜め薄切り）… ⅕本
❶水 … 2カップ
　鶏ガラスープの素・酒 … 各小さじ2
　オイスターソース・しょうゆ … 各小さじ1
片栗粉（同量の水で溶く）… 小さじ2
卵（溶きほぐす）… 1個

作り方
❶鍋に豆腐、えのきだけ、長ねぎ、❶を入れて火にかけ、煮立ったら弱火にして2〜3分煮る。
❷水溶き片栗粉を加えて混ぜ、とろみをつける。強火にして溶き卵を回し入れ、卵が固まってきたらやさしく混ぜる。

memi's Recipe
One Plate
ワンプレートごはん
1人分
¥238

厚揚げ豚巻き献立

かさ増し食材として優秀すぎる厚揚げ。肉が少ないときは、厚揚げに巻くだけでボリューミーなおかずに変身。中華スープは春雨で増量するとごちそう感が出ます。

- わかめともやしの春雨スープ
- サラダ
- 作り方 P90 作りおき● パプリカマリネ
- 作り方 P91 作りおき● しらすのちりめん山椒風
- 小松菜のコチュジャンあえ
- 厚揚げ豚巻きの甘辛ねぎだれ

Hint! 節約&アレンジのヒント

- 厚揚げの代わりにエリンギ、オクラなど野菜を巻いても。
- パプリカが高いときはP90のにんじんラペにしても華やか。
- 半分残ったもやしは、水をはった容器で保存すると長持ち。

厚揚げ豚巻きの甘辛ねぎだれ

材料(3人分)
豚バラ薄切り肉 … 180g
厚揚げ … 2枚(260g)
塩・こしょう … 各少々
片栗粉 … 大さじ1
Ⓐ 長ねぎ(みじん切り) … ¼本
　しょうゆ … 大さじ1と½
　砂糖・ごま油 … 各大さじ1
　酢 … 小さじ1
　おろししょうが … 小さじ½
サラダ油 … 小さじ1

等分に切った厚揚げに、バラ肉をしっかり巻きつけてかさまし。少ない肉で満足感を出します。

作り方
❶厚揚げは熱湯をかけて油抜きし、水けをふいて1枚を縦6等分に切る。豚肉を等分に巻き、塩、こしょうをふって片栗粉をまぶす。
❷Ⓐは耐熱ボウルに入れ、ラップをかけて電子レンジで1分加熱する。
❸フライパンにサラダ油を熱し、❶を焼く。全面に焼き色がついたら器に盛り、❷をかける。好みで小口切りした細ねぎをのせる。

小松菜のコチュジャンあえ

材料(3人分)
小松菜(5cm長さに切る) … 1わ(200g)
Ⓐ ごま油・白いりごま … 各小さじ2
　コチュジャン・おろしにんにく … 各小さじ⅓
　しょうゆ … 大さじ½
　砂糖 … 小さじ1

作り方
❶耐熱ボウルに小松菜を入れ、ふんわりラップをかけて電子レンジで3分加熱する。水にさらし、水けを固く絞る。
❷ボウルに❶、Ⓐを入れてあえる。

わかめともやしの春雨スープ

材料(3人分)
乾燥わかめ … 大さじ1
もやし … 60g
乾燥春雨 … 30g
Ⓐ 水 … 2カップ
　鶏ガラスープの素・しょうゆ … 各小さじ2
　酒・みりん … 各小さじ1
ごま油 … 小さじ1
白いりごま … 適量

作り方
❶鍋に乾燥わかめ、もやし、Ⓐを入れて火にかけ、煮立ったら乾燥したままの春雨を加えて弱火で3〜4分煮る。ごま油を回しかけて器に盛り、白いりごまをふる。

---

memi's column
おすすめ100均グッズ③ シリコン製鍋つかみ

グラタン皿をはじめ、大きな両手鍋もこのシリコン製鍋つかみが活躍！ コンパクトで引き出しにも収納しやすいので、出しっぱなしにもなりません。ナチュラルな色も◎。

memi's Recipe
One Plate
ワンプレート
ごはん
1人分
¥153

ツナとコーンの落とし揚げ献立

肉、魚がない日にうれしいお助けプレート。ふわふわの落とし揚げは子どもが大好きなおかず。大人はスパイシーなマヨソースでピリ辛を楽しみます。コロコロさつまいもを添えて見た目もかわいく。

ソーセージとじゃがいものミルクスープ
サラダ
コロコロさつまいも
作り方 P91
作りおき●きゅうりと白菜のさっぱり漬け
ツナとコーンの落とし揚げ
さっぱりコールスロー

42

> **Hint!**
> 節約&アレンジのヒント
> - スープの具材は冷蔵庫の余りものでOK。
> - コールスローはキャベツのみで作っても。
> - コーンは缶詰より業務スーパーの冷凍がリーズナブル。

ツナとコーンの落とし揚げ

材料（3人分）
- Ⓐ 木綿豆腐 … 200g
  - ツナ缶（軽く油をきる）… 1缶（70g）
  - 冷凍コーン（解凍し、水けをきる）… 100g
  - 鶏ガラスープの素 … 小さじ1
  - マヨネーズ … 大さじ2
  - 小麦粉 … 大さじ6
- Ⓑ マヨネーズ … 大さじ2
  - 砂糖 … 小さじ⅓
  - おろしにんにく … 小さじ¼
  - 粗びき黒こしょう … 少々
- 揚げ油 … 適量

たねの材料を全部ボウルに入れて混ぜるだけ。豆腐が入るとふんわりやわらかく仕上がります。

作り方
1. ボウルにⒶを入れて混ぜる。
2. フライパンに揚げ油を深さ2cmほど入れて170℃に熱し、①をスプーンですくって落とし入れる。ときどき返しながら、全体をきつね色に揚げる。混ぜ合わせたⒷをつけて食べる。

コロコロさつまいも

材料（3人分）
- さつまいも … 180g
- 酒 … 大さじ2
- みりん … 大さじ1
- Ⓐ 鶏ガラスープの素 … 小さじ½
  - カレー粉 … 小さじ⅓

作り方
1. さつまいもは皮ごと1.5cm角に切り、水にさらす。水けをきって耐熱ボウルに入れ、酒、みりんを入れて軽く混ぜる。ふんわりラップをかけて電子レンジで5〜6分加熱する。
2. 温かいうちにⒶを加えてあえ、さつまいもが水分を吸うまでときどき混ぜながら10分ほどおく。

さっぱりコールスロー

材料（3人分）
- キャベツ（せん切り）… 3〜4枚（150g）
- にんじん（せん切り）… ⅓本（50g）
- 塩 … 小さじ½
- Ⓐ オリーブ油 … 大さじ1
  - 酢 … 大さじ½
  - 砂糖 … 小さじ1
  - 粗びき黒こしょう … 少々

作り方
1. ボウルにキャベツ、にんじん、塩を入れてもみ込む。10分ほどおいて水けを固く絞り、Ⓐであえる。

ソーセージとじゃがいものミルクスープ

材料（3人分）
- ソーセージ（乱切り）… 4本
- じゃがいも（1cm幅の半月切り）… 1個（100g）
- 玉ねぎ（薄切り）… ¼個
- Ⓐ 水・牛乳 … 各1カップ
  - 顆粒コンソメ … 小さじ2
- オリーブ油 … 小さじ1

作り方
1. 鍋にオリーブ油を熱し、ソーセージ、じゃがいも、玉ねぎを炒める。全体に油がまわったらⒶを加える。
2. ひと煮立ちしたら弱火にし7〜8分煮る。器に盛り、好みでパセリをふる。

memi's Recipe
One Plate
ワンプレート
ごはん
1人分
¥198

てりやき豆腐ハンバーグ献立

半端に余った豆腐は、肉だねに加えてかさ増し。やわらか食感と、コクのあるてりやきソースで大満足です。酢のものの春雨はレンチンで戻せるのであっという間に完成。時間がないときもおすすめです。

サラダ
作り方 P90
作りおき●ブロッコリーのうま塩あえ
なめこのかきたまみそ汁
春雨ときゅうりの酢のもの
てりやき豆腐ハンバーグ グリル野菜添え

- 副菜のブロッコリーが高いときは、別の副菜（P90）にチェンジ。
- ハンバーグの添え野菜は余りものの野菜でOK。
- みそ汁のきのこはしめじやしいたけでも代用可能。

てりやき豆腐ハンバーグ グリル野菜添え

材料（3人分）
合びき肉 … 200g
玉ねぎ（みじん切り）… ¼個
Ⓐ 木綿豆腐（水けをふく）… 70g
　パン粉 … 大さじ3
　卵 … 1個
　ナツメグ・塩・こしょう … 各少々
Ⓑ しょうゆ・みりん・酒 … 各大さじ1と½
　砂糖 … 大さじ1
かぼちゃの薄切り … 6切れ
エリンギ（縦4等分か縦半分に切る）… ½パック
冷凍オクラ（解凍し、縦半分に切る）… 3本
塩・こしょう … 各少々
サラダ油 … 小さじ1

作り方
❶耐熱ボウルに玉ねぎを入れ、ふんわりラップをかけて電子レンジで1分加熱する。
❷ボウルにひき肉、❶、Ⓐを入れ、粘りが出るまで混ぜる。3等分にして平丸に成形し、真ん中をくぼませる。
❸フライパンにサラダ油小さじ½を熱し、❷を焼く。焼き色がついたら上下を返し、ふたをして弱火で4〜5分蒸し焼きにする。
❹❸の余分な脂をペーパータオルでふき取り、Ⓑを加えて強火で煮からめて器に盛る。
❺別のフライパンにサラダ油小さじ½を熱しかぼちゃ、オクラ、エリンギを焼く。焼き色がついたら塩、こしょうをふり、ハンバーグに添える。

春雨ときゅうりの酢のもの

材料（3人分）
乾燥春雨 … 40g
水 … 1カップ
きゅうり（薄い輪切り）… 1本
塩 … 1つまみ
かに風味かまぼこ（手で割く）… 5本
Ⓐ しょうゆ・酢・白すりごま … 各大さじ1
　鶏ガラスープの素 … 小さじ½
　砂糖・ごま油 … 各小さじ2

作り方
❶耐熱ボウルに春雨、水を入れ、ふんわりラップをかけて電子レンジで3分加熱する。軽く混ぜ、5分ほどおいてざるにあげる。
❷きゅうりは塩をもみ込み、10分ほどおいて水けを固く絞る。
❸ボウルに❶、❷、かに風味かまぼこ、Ⓐを入れてあえる。

なめこのかきたまみそ汁

材料（3人分）
なめこ（軽く洗ってざるにあげる）… 1袋
玉ねぎ（薄切り）… ¼個
Ⓐ 水 … 2カップ
　和風顆粒だしの素 … 小さじ⅔
　みりん … 大さじ½
みそ … 大さじ1と½
卵（溶きほぐす）… 1個
細ねぎ（小口切り）… 少々

作り方
❶鍋になめこ、玉ねぎ、Ⓐを入れて火にかける。煮立ったら弱火にして5分ほど煮る。
❷みそを溶かし入れ、強火にして静かに混ぜながら溶き卵を流し入れる。器に盛り、細ねぎをのせる。

memi's Recipe
One Plate
ワンプレート
ごはん
1人分
¥186

鶏肉の竜田揚げ献立

鶏もも肉がお買い得の日は、家族が喜ぶ竜田揚げに決まり！
片栗粉は押さえつけるようにまぶし、軽く粉を落としてから揚げると
サックサクです。みそ汁の具にはじゃがいもを入れて腹持ちアップ。

- じゃがいもと玉ねぎのみそ汁
- 塩昆布と大葉の冷ややっこ
- サラダ
- にんじんのごま甘酢
- 鶏肉の竜田揚げ 野菜添え

Hint! 節約＆アレンジのヒント
- 揚げ野菜は余りものの野菜でOK。好みで塩をふって。
- 冷ややっこは大葉、塩昆布をのせるだけの超時短おかず。
- ごま甘酢は時間があるとき倍量で作って保存しても。

鶏肉の竜田揚げ 野菜添え

材料（3人分）
鶏もも肉（ひと口大に切る）… 1枚（300g）
Ⓐ 白だし … 大さじ1と½
　酒 … 大さじ1
　塩 … 小さじ¼
　おろししょうが … 小さじ1
卵（溶きほぐす）… 1個
片栗粉 … 大さじ7
なす … 1本
かぼちゃの薄切り … 5mm厚さ6切れ
しし唐辛子（つま楊枝で数か所穴をあける）… 6本
大根おろし … 適量
ポン酢しょうゆ … 適量
揚げ油 … 適量

作り方
❶ ボウルに鶏肉、Ⓐを入れて軽くもみ込み、10分以上おく。なすは縦半分に切り、5〜6cm長さに切る。上2〜3cmを残して5mm幅の切り目を入れ水にさらす。
❷ フライパンに揚げ油を深さ3cmほど入れて170℃に熱し、野菜の水けをふいて素揚げする。
❸ 鶏肉のボウルに溶き卵を加えて混ぜる。バットに片栗粉を入れ、鶏肉にしっかりまぶす。
❹ ❸の粉を軽くはたき、❷のフライパンで3分ほど揚げる。いったん取り出して3分おき、揚げ油を180℃にして1分揚げる。
❺ 器に盛り、ポン酢しょうゆを垂らした大根おろしとともに❷を添える。好みで大根おろしに一味唐辛子をふる。

塩昆布と大葉の冷ややっこ

材料（3人分）
絹ごし豆腐（6等分に切る）… 120g
塩昆布 … 適量
大葉（せん切り）… 2枚
おろししょうが … 少々
めんつゆ（2倍濃縮）… 適量

作り方
❶ 豆腐は水けをふいて器に盛り、塩昆布、大葉、おろししょうがをのせ、めんつゆをかける。

にんじんのごま甘酢

材料（3人分）
にんじん（ピーラーでむく）… 1本（150g）
Ⓐ しょうゆ・ごま油 … 各小さじ2
　鶏ガラスープの素 … 小さじ¼
　酢・砂糖 … 各小さじ1
　白すりごま … 大さじ1

作り方
❶ ボウルににんじんを入れ、ふんわりラップをかけて電子レンジで3分加熱する。温かいうちにⒶを加えてあえる。

じゃがいもと玉ねぎのみそ汁

材料（3人分）
じゃがいも … 1個（100g）
玉ねぎ（薄切り）… ¼個
Ⓐ 水 … 2カップ
　和風顆粒だしの素 … 小さじ⅔
　みりん … 小さじ1
みそ … 大さじ1と½
細ねぎ（小口切り）… 少々

作り方
❶ じゃがいもは1cm幅の半月切りにし、水にさらして水けをきる。
❷ 鍋に❶、玉ねぎ、Ⓐを入れて火にかける。煮立ったら弱火にして5〜7分ほど煮る。みそを溶かし入れて火を止める。器に盛り、細ねぎをのせる。

memi's Recipe
One Plate
ワンプレート
ごはん
1人分
¥197

豚こまボールと
エリンギの塩レモン炒め献立

こま切れ肉は丸めてかたまり肉風にすると、食べごたえがアップ。
かさの出るエリンギと炒めることで、少ない肉でもボリュームが出ます。
ご飯には刻んだ梅干しをのせ、酸味と彩りをプラス。

作りおき●れんこんチップ＋サラダ　作り方 P91
豆腐と長ねぎのピリ辛スープ
ブロッコリーのナムル
やみつき漬け卵
豚こまボールとエリンギの塩レモン炒め

Hint! 節約&アレンジのヒント
- 卵が高いときは漬け卵を添えなくても大丈夫。
- 炒めもののエリンギは長いもに変えてもOK。
- ブロッコリーが高いときは冷凍ブロッコリーを使うと節約に。

豚こまボールとエリンギの塩レモン炒め

材料(3人分)
豚こま切れ肉 … 250g
エリンギ(2cm幅の半月切り) … 1パック
塩・こしょう … 各少々
片栗粉 … 大さじ1
Ⓐ 鶏ガラスープの素 … 小さじ½
　 酒・水 … 各大さじ1
　 レモン汁 … 大さじ½
　 砂糖 … 小さじ1
　 おろしにんにく … 小さじ⅓
サラダ油 … 小さじ1

手にのせてギュッとにぎると、こま切れ肉がくっついて、かたまり肉のようになります。

作り方
❶豚肉は塩、こしょう、片栗粉をふり、ひと口大に丸める。
❷フライパンにサラダ油を熱し、❶を焼く。全体に焼き色がついたらエリンギを加え炒め合わせる。
❸Ⓐを加えて強火で煮からめる。器に盛り、好みで細ねぎ、白いりごまをふり、レモンを添える。

ブロッコリーのナムル

材料(3人分)
ブロッコリー(小房に分ける) … ½個(150g)
Ⓐ めんつゆ(2倍濃縮) … 大さじ1
　 白すりごま … 大さじ1
　 ごま油 … 小さじ2
　 鶏ガラスープの素 … 小さじ¼

作り方
❶ブロッコリーは塩ゆでし、水けをきる。
❷ボウルに❶、Ⓐを入れてあえる。

やみつき漬け卵

材料(3人分)
卵 … 3個
Ⓐ しょうゆ・水・みりん … 各大さじ2
　 砂糖 … 大さじ1
　 酢 … 大さじ½

作り方
❶鍋に湯を沸かし、冷蔵室から出した卵を7分ゆでる。冷水で冷やして殻をむき、ポリ袋に入れる。
❷小鍋にⒶを入れて強火にかけ、ひと煮立ちさせる。中火にして1分煮たら火を止める。
❸❷の粗熱がとれたら❶のポリ袋に加える。袋の空気を抜いて口を閉じ、冷蔵室に1～2時間おく。半分に切って器に盛る。

豆腐と長ねぎのピリ辛スープ

材料(3人分)
木綿豆腐(さいの目に切る) … 70g
長ねぎ(斜め切り) … ⅕本
白菜キムチ(大きければ切る) … 70g
Ⓐ 水 … 2カップ
　 みそ … 大さじ1
　 オイスターソース・みりん … 各小さじ1
　 コチュジャン … 小さじ½
　 和風顆粒だしの素 … 小さじ½
もやし … 60g

作り方
❶鍋に豆腐、長ねぎ、白菜キムチ、Ⓐを入れて火にかけ、煮立ったら弱火にして6～7分煮る。
❷もやしを加えて2～3分煮る。

memi's Recipe
One Plate
ワンプレート
ごはん
1人分
¥167

納豆とちくわの磯辺揚げ献立

豚肉がちょっとしかない……そんなときは思い切ってスープに回し、具だくさんにするのも手。メインは低価格食材の納豆＆ちくわを揚げて満足感を出します。具なしでおいしいサラスパも格安で作れて便利。

サラダ
豚肉と根菜の和風スープ
ゆずごしょうサラスパ
ピーマンのおひたし
納豆とちくわの磯辺揚げ

Hint!
節約＆アレンジのヒント

- おひたしは、すき間時間に仕込むと時短に。
- スープの具材は半端野菜を使いきって、冷蔵庫スッキリ。
- ピーマンがないときは家にある別の野菜の副菜に（P124参照）。

納豆とちくわの磯辺揚げ

材料（3人分）
納豆（付属のたれを混ぜ合わせる）… 3パック（120g）
ちくわ（1cm角に切る）… 3本
Ⓐ細ねぎ（小口切り）… 大さじ2
　マヨネーズ … 大さじ1
　小麦粉・片栗粉・水 … 各大さじ2
　青のり … 小さじ1
Ⓑ白だし・水 … 各大さじ1
　ごま油・白すりごま … 各小さじ1
揚げ油 … 適量

作り方
❶ボウルに納豆、ちくわ、Ⓐを入れて混ぜ合わせる。
❷フライパンに揚げ油を深さ2cmほど入れて170℃に熱し、❶をスプーンですくって落とし入れる。ときどき返しながら、きつね色になるまで3〜4分揚げる。混ぜ合わせたⒷをつけて食べる。

ゆずごしょうサラスパ

材料（3人分）
サラダスパゲティ … 80g
Ⓐごま油 … 小さじ2
　ゆずごしょう … 小さじ½
　めんつゆ（2倍濃縮）… 大さじ1と½
　バター … 10g
　塩 … 1つまみ
粗びき黒こしょう … 少々

作り方
❶サラダスパゲティは袋の表記より3分長くゆでる。
❷ボウルにⒶ、湯をきった❶を入れてあえる。器に盛り、粗びき黒こしょうをふる。

豚肉と根菜の和風スープ

材料（3人分）
豚こま切れ肉 … 80g
ごぼう（斜め薄切りにし、水にさらす）… ¼本
れんこん（薄い半月切りにし、水にさらす）… 50g
にんじん（薄い半月切り）… ⅕本
Ⓐ水 … 2カップ
　和風顆粒だしの素 … 小さじ1
　しょうゆ・みりん … 各大さじ1
　酒 … 大さじ½
　おろししょうが … 小さじ⅓
細ねぎ（小口切り）… 少々
サラダ油 … 小さじ1

作り方
❶鍋にサラダ油を熱し、豚肉を炒める。肉の色が変わったらにんじん、水けをきったごぼう、れんこんを加えて炒め合わせる。
❷Ⓐを加えてひと煮立ちしたら弱火にし、10〜11分煮る。器に盛り、細ねぎをのせる。

ピーマンのおひたし

材料（3人分）
ピーマン（縦1.5cm幅に切る）… 5個
Ⓐみりん … 大さじ1
　和風顆粒だしの素 … 小さじ⅓
　しょうゆ … 小さじ1

作り方
❶耐熱ボウルにピーマン、Ⓐを入れて軽く混ぜ、ふんわりラップをかけて電子レンジで3分加熱する。ピーマンにラップを密着させて15分ほどおく。

memi's Recipe
One Plate
ワンプレート
ごはん
1人分
¥226

さばのごま甘酢だれ献立

切り身魚は高いから、ネットで格安の骨抜き冷凍さばを活用。半解凍で切り、解凍時に出てきた水分はペーパーでよくふき取って下味をつけると、臭みがとれておいしく食べられます。

- サラダ
- ふわふわ卵の白菜とろみスープ
- れんこんのピリ辛あえ
- 作り方 P91 作りおき●のりのつくだ煮
- にんじんのこくマヨサラダ
- さばのごま甘酢だれ

Hint! 節約&アレンジのヒント

- にんじんサラダは作りおきOK。お弁当の彩りにもぴったり。
- れんこんのあえものはP90のカレーオイルあえに変えても。
- のりのつくだ煮を添えるとご飯がたくさん食べられて満腹に。

さばのごま甘酢だれ

材料(3人分)
冷凍無塩さば(骨なし・半解凍する) … 大2切れ(250g)
塩 … 少々
Ⓐ しょうゆ・酒 … 各大さじ½
片栗粉 … 大さじ3
Ⓑ しょうゆ … 大さじ1
　ごま油・砂糖・酢 … 各小さじ2
　おろししょうが … 小さじ⅓
　白すりごま … 大さじ3
細ねぎ(小口切り) … 少々
揚げ油 … 適量

作り方
❶ さばは水けをふいてひと口大に切り分け、ポリ袋に入れる。Ⓐを加えて軽くもみ込む。10分おいて1切れずつ片栗粉をまぶす。
❷ フライパンに揚げ油を深さ2cmほど入れて170℃に熱し、❶をきつね色に揚げる。器に盛り、混ぜ合わせたⒷをかけて細ねぎをのせる。

ふわふわ卵の白菜とろみスープ

材料(3人分)
白菜(2cm幅に切る) … 1〜2枚(100g)
卵(溶きほぐす) … 1個
Ⓐ 水 … 2カップ
　鶏ガラスープの素 … 小さじ2
　しょうゆ … 小さじ1
　めんつゆ(2倍濃縮) … 大さじ1
片栗粉(同量の水で溶く) … 大さじ½

作り方
❶ 鍋に白菜、Ⓐを入れて火にかけ、ひと煮立ちしたら弱火にし6〜7分煮る。
❷ 水溶き片栗粉を加えて軽く混ぜる。とろみがついたら強火にし、溶き卵を回し入れる。卵が固まってきたらやさしく混ぜる。

にんじんのこくマヨサラダ

材料(3人分)
にんじん(ピーラーでむく) … 1本(150g)
Ⓐ マヨネーズ … 大さじ1
　ごま油 … 小さじ2
　オイスターソース … 小さじ1

作り方
❶ 耐熱ボウルににんじんを入れ、ふんわりラップをかけて電子レンジで3分加熱する。粗熱がとれたらⒶを加えてあえる。

れんこんのピリ辛あえ

材料(3人分)
れんこん(2mm幅の薄切りにし、酢水にさらす) … 150g
Ⓐ 鶏ガラスープの素・砂糖 … 各小さじ1
　めんつゆ(2倍濃縮) … 大さじ½
　コチュジャン・酢 … 各小さじ½
　おろしにんにく … 少々

作り方
❶ 耐熱ボウルに水けをきったれんこんを入れ、ふんわりラップをかけて電子レンジで3分加熱する。ざるにあげて水けをきり、熱いうちにⒶであえる。

memi's column
サラダのかさ増しは激安の貝割れ菜が便利

つけ合わせのサラダは、最近貝割れ菜をよく使うようになりました。1パックたったの29円!ふんわり盛るとかさ増し効果も満点です。レタスもキャベツも高いときは、貝割れ菜をチェックして。

Part 2
お店みたいで感動!
定食ごはん

最近、新たに取り組んでみたのが和カフェ風の御膳スタイル。それぞれおかずを盛ってトレイにまとめるだけですが、夫と子どもに大好評！いつものおかずが高級に見えて、節約を感じさせません。おかずの盛りつけやすさ、食べやすさも高ポイント！

memi's Recipe
Set Menu

味移りしない

豪華に見える

盛りつけやすい

コツをつかめば簡単！
バランスのいい盛りつけ方

お皿選び

メインは横幅15cmくらいがベスト

メインの器が大きすぎるとトレイにのせきれなくなるので、幅15cmくらいのものがおすすめ。長方形のトレイやマットにのせるなら、横長の器のほうがバランスがとりやすいです。

汁けがあるときは
少し深めを

基本の盛りつけ方

トレイにのせるとお店風！

ランチョンマットやトレイなどで枠を作り、その中に収めるイメージで盛りつけます。基本はおかずをそれぞれ器に盛りますが、メインとサラダをいっしょに盛ったり、副菜2品を盛り合わせてもOK。洗いものが減らせますよ。

1 トレイ、マットを選ぶ　**2 配置を決める**　**3 盛りつける**

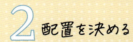

副菜はかわいい小皿に
定食スタイルでは小皿がアクセント。深めのもの、色や形がかわいいものなど、いくつか揃えておくと楽しく盛りつけられます。

汁ものはマグカップを使っても！
いつも同じお椀だと飽きてしまいがち。たまには気分を変えてスープカップやマグカップを使ってみては。意外と新鮮ですよ。

memi's Recipe
Set Menu
定食ごはん
[1人分]
¥236

豚と玉ねぎのしょうが焼き定食

肉の脂のうまみと玉ねぎの甘味、しょうがの香りが一体になった絶品おかず。肉の下に敷いたキャベツも、甘辛だれがしみたおいしい副菜になります。みそ汁の乾燥わかめはポイ活でオトクに購入。

- きゅうりとかにかまの和風マヨ
- わかめと油揚げのみそ汁
- 豚と玉ねぎのしょうが焼き
- 小松菜のいり卵あえ

Hint!
節約＆
アレンジの
ヒント

● みそ汁で使い残した油揚げは冷凍すれば長持ち。
● しょうが焼きは一味マヨをつけるとおいしさアップ。
● あえものの小松菜はほうれん草に変えても。

豚と玉ねぎのしょうが焼き

材料（3人分）
豚バラ切り落とし肉 … 250g
玉ねぎ … ⅔個
Ⓐしょうゆ・みりん・酒 … 各大さじ1
　砂糖 … 小さじ2
　トマトケチャップ … 小さじ1
　おろししょうが … 1かけ
キャベツ（せん切り）… 適量
細ねぎ（小口切り）・白いりごま … 各少々
サラダ油 … 小さじ1

作り方
❶玉ねぎは繊維を断つように1cm幅のくし形に切る。
❷フライパンにサラダ油を熱し、❶を炒める。全体に油が回ったら豚肉を加える。
❸肉の色が変わったら混ぜ合わせたⒶを加えて、強火で煮からめる。
❹器にキャベツを敷き、❸を盛り、細ねぎをのせる。白いりごまをふり、好みで一味唐辛子をふったマヨネーズを添える。

きゅうりとかにかまの和風マヨ

材料（3人分）
きゅうり … 2本
かに風味かまぼこ（手で割く）… 5本
塩 … 小さじ½
Ⓐマヨネーズ … 大さじ2
　和風顆粒だしの素・砂糖 … 各小さじ¼

作り方
❶きゅうりは縦半分に切り、斜め薄切りにする。塩をふって軽くもみ込み、10分おいて固く絞る。
❷ボウルに❶、かに風味かまぼこ、Ⓐを入れて混ぜる。

小松菜のいり卵あえ

材料（3人分）
小松菜（5cm長さに切る）… 1わ（200g）
Ⓐ卵 … 1個
　白だし … 小さじ1と½
　水 … 大さじ1
Ⓑ塩昆布・ごま油・白すりごま … 各小さじ2

作り方
❶耐熱ボウルに小松菜を入れ、ふんわりラップをかけて電子レンジで3分加熱する。水にさらして固く絞る。
❷耐熱ボウルにⒶを入れて混ぜ、ラップをかけずに電子レンジで1分30秒加熱する。スプーンで軽く混ぜる。
❸ボウルに❷、❶、Ⓑを入れてあえる。

わかめと油揚げのみそ汁

材料（3人分）
乾燥わかめ … 大さじ1
油揚げ（熱湯をかけて短冊切り）… 1枚
Ⓐ水 … 2カップ
　和風顆粒だしの素 … 小さじ⅔
　みりん … 小さじ1
みそ … 大さじ1と½

作り方
❶鍋に乾燥わかめ、油揚げ、Ⓐを入れて火にかけ、煮立ったらみそを溶き入れる。

memi's Recipe
Set Menu
定食ごはん

〖1人分〗
¥233

ガーリックトマトチキン定食

コーンやブロッコリーを添えたガーリックチキンは、まるでファミレスごはん。外食気分満点です。かぼちゃチーズサラダは、温かいうちにチーズを混ぜ合わせてチーズを溶かすのがポイント。

かぼちゃチーズサラダ
キャベツと卵のコンソメスープ
小松菜ベーコンあえ
ガーリックトマトチキン

> **Hint!** 節約&アレンジのヒント
> - チキンステーキは、先に切ってから焼いてもOK。
> - ステーキの添え野菜は格安の冷凍品でコスト削減。
> - あえものの小松菜はチンゲン菜に変更しても。

ガーリックトマトチキン

材料(3人分)
鶏もも肉(3等分に切る) … 1枚(300g)
にんにく(薄切り) … 1片
塩・こしょう … 各少々
小麦粉 … 大さじ1
Ⓐ カットトマト缶 … 150g
　 鶏ガラスープの素 … 小さじ1
　 砂糖 … 大さじ½
　 おろしにんにく … 小さじ⅓
　 バター … 15g
粉チーズ … 少々
冷凍ブロッコリー(解凍する) … 100g
冷凍コーン(解凍する) … 100g
サラダ油 … 小さじ2

作り方
❶ フライパンにサラダ油、にんにくを入れて弱火にかけ、にんにくがきつね色になったらいったん取り出す。
❷ 鶏肉は皮目にフォークを数か所刺し、裏側は厚みのある部分を開き、3㎝間隔で切り目を入れる。両面に塩、こしょう、小麦粉をまぶす。
❸ ❶のフライパンに❷を皮目から入れて焼く。きつね色になったら上下を返してふたをし、弱火で4〜5分蒸し焼きにする。火が通ったら取り出して切り分け、器に盛る。
❹ フライパンの汚れを軽くふき、Ⓐを火にかける。バターが溶けたら❸にかけ、粉チーズ、好みでパセリをふる。ブロッコリー、コーンを添える。

小松菜ベーコンあえ

材料(3人分)
小松菜(5㎝長さに切る) … 1わ(200g)
ベーコン(1㎝幅に切る) … 3枚
Ⓐ めんつゆ(2倍濃縮) … 大さじ1
　 しょうゆ・砂糖 … 各小さじ½
　 カレー粉 … 小さじ⅓

作り方
❶ 耐熱ボウルに小松菜を入れ、ふんわりラップをかけて電子レンジで3分加熱する。水けをきり、温かいうちにベーコン、Ⓐを加えてあえる。

かぼちゃチーズサラダ

材料(3人分)
かぼちゃ(皮をむいてひと口大に切る) … 180g
スライスチーズ(手で割く) … 1枚
Ⓐ マヨネーズ … 大さじ½
　 牛乳 … 小さじ2
　 砂糖 … 小さじ⅓
　 塩・こしょう … 各少々
粗びき黒こしょう … 少々

作り方
❶ 耐熱ボウルにかぼちゃを入れ、ふんわりラップをかけて電子レンジで5分加熱する。温かいうちにマッシャーなどで潰し、スライスチーズ、Ⓐを加えてあえる。
❷ 器に盛り、粗びき黒こしょうをふり、好みでサラダ野菜を添える。

キャベツと卵のコンソメスープ

材料(3人分)
キャベツ(ひと口大に切る) … 80g
卵(溶きほぐす) … 1個
Ⓐ 水 … 2カップ
　 顆粒コンソメ … 小さじ2
　 しょうゆ・みりん … 各小さじ1
粗びき黒こしょう … 少々

作り方
❶ 鍋にⒶ、キャベツを入れて火にかけ、煮立ったら弱火にして5分煮る。
❷ 強火にし、溶き卵を回し入れる。卵が固まったらやさしく混ぜる。
❸ 器に盛り、粗びき黒こしょうをふる。

かにかま豆腐しゅうまい定食

レンジで簡単に作れる自家製しゅうまい。包み方は、しゅうまいの皮に肉だねをのせ、やさしく握るだけ。あんかけのブロッコリーは冷凍利用。フライパンで蒸すと、ゆでるよりふっくら仕上がります。

memi's Recipe
Set Menu
定食ごはん
1人分
¥168

Hint! 節約&アレンジのヒント
- 豚ひき肉は、こま切れ肉をフープロでひき肉にするとさらに割安。
- 余ったしゅうまいの皮は、三角に折ってスープの具材に活用(P71)。
- スープの乾燥わかめはポイ活で0円購入。

かにかま豆腐しゅうまい

材料(3人分)
- Ⓐ 豚ひき肉 … 200g
-   かに風味かまぼこ(手で割く) … 6本
-   玉ねぎ(みじん切り) … ¼個
-   木綿豆腐 … 150g
-   鶏ガラスープの素・酒 … 各小さじ1
-   オイスターソース・しょうゆ … 各小さじ1
-   おろししょうが … 小さじ½
-   片栗粉 … 大さじ1
- しゅうまいの皮 … 15枚
- リーフレタス … 1〜2枚
- 練り辛子・しょうゆ … 各適量

作り方
❶ ボウルにⒶを入れて練り混ぜる。15等分にして丸め、しゅうまいの皮に包む。
❷ 耐熱容器にリーフレタスを敷き、❶を並べる。水大さじ2を回しかけてふんわりラップをかけ、電子レンジで6分加熱する。
❸ 器にリーフレタスごと盛り、辛子としょうゆを添える。

スクエア型の耐熱容器がなければ丸型でOK。均等に並べて水をふったら、レンチンするだけ。

ブロッコリーの卵あんかけ

材料(3人分)
- 冷凍ブロッコリー … 200g
- Ⓐ 水 … ½カップ
-   めんつゆ(2倍濃縮) … 大さじ½
-   オイスターソース … 小さじ1
-   しょうゆ … 小さじ½
- 片栗粉(同量の水で溶く) … 小さじ1
- 卵(溶きほぐす) … 1個
- ごま油 … 小さじ1

作り方
❶ フライパンに凍ったままのブロッコリーを並べ、水大さじ2をふる。ふたをして中火にかけ、5分蒸し焼きにする。軽く焼き色がついたら器に盛る。
❷ 小鍋にⒶを入れ、火にかける。煮立ったら弱火にし、水溶き片栗粉を加えてとろみをつける。
❸ ❷を強火にして溶き卵を回し入れ、卵が固まってきたら静かに混ぜる。仕上げにごま油をかけて❶にのせ、好みで糸唐辛子を飾る。

玉ねぎとわかめの中華スープ

材料(3人分)
- Ⓐ 玉ねぎ(薄切り) … ¼個
-   乾燥わかめ … 大さじ1
-   水 … 2カップ
-   鶏ガラスープの素 … 小さじ2
-   しょうゆ・酒 … 各小さじ1
-   おろしにんにく … 少々
- 細ねぎ(小口切り)・白いりごま … 各少々

作り方
❶ 小鍋にⒶを入れて火にかけ、煮立ったら弱火にして5分煮る。
❷ 器に盛り、細ねぎ、白いりごまをふる。

memi's Recipe
Set Menu
定食ごはん
[1人分]
¥195

鶏胸肉とれんこんの にんにく甘酢炒め定食

安い胸肉をおいしくする裏ワザが、下味のマヨネーズ。
10分以上、よく漬け込むとしっとり、ジューシーに仕上がります。
ナムルのオクラは業スーの冷凍。大パックで買うとコスパ抜群！

なすの中華煮びたし
オクラのごまみそナムル
にら玉中華スープ
作りおき● きゅうりと白菜の さっぱり漬け
作り方 P91
鶏胸肉とれんこんのにんにく甘酢炒め

> **Hint!**
> **節約＆アレンジのヒント**
>
> ● 安い鶏胸肉は、にんにく風味でご飯がすすむ満足おかずに。
> ● 煮びたしのなすは切り込みを入れると短時間で味しみ！
> ● 時間がないときはP90の作りおき副菜を活用して。

鶏胸肉とれんこんの にんにく甘酢炒め

材料（3人分）
鶏胸肉 … 小1枚（250g）
れんこん（1㎝幅の半月切り）… 150g
🅐 マヨネーズ … 大さじ1
　しょうゆ・酒 … 各小さじ1
片栗粉 … 大さじ2
🅑 しょうゆ・みりん・酢 … 各大さじ1
　砂糖 … 小さじ2
　おろしにんにく … 小さじ⅓
細ねぎ（小口切り）・白いりごま … 各少々
サラダ油 … 小さじ3

作り方
❶ 鶏肉は繊維を断ち切るようにひと口大に切る。🅐をもみ込んで10分以上おき、片栗粉をまぶす。れんこんは水にさらす。
❷ フライパンにサラダ油小さじ1を熱し、水けをきったれんこんを炒める。火が通ったらいったん取り出す。
❸ ❷のフライパンに、サラダ油小さじ2を熱し、❶の鶏肉を焼く。両面がきつね色になったら❷を戻し入れ、混ぜ合わせた🅑を加えて強火でからめる。器に盛り、細ねぎ、白いりごまをふる。

オクラのごまみそナムル

材料（3人分）
冷凍オクラ（解凍する）… 10本（150g）
🅐 みそ・ごま油・しょうゆ … 各小さじ1
　砂糖 … 小さじ½
　白すりごま … 大さじ1
　おろしにんにく … 少々

作り方
❶ オクラは水けをふき、斜め2〜3等分に切る。
❷ ボウルに🅐を入れて混ぜ、水けをふいたオクラを加えてあえる。

なすの中華煮びたし

材料（3人分）
なす … 2本（200g）
🅐 水 … 大さじ2
　しょうゆ・酢 … 各大さじ1
　鶏ガラスープの素 … 小さじ1
　砂糖・ごま油 … 各小さじ2
　おろししょうが … 小さじ½
サラダ油 … 大さじ1

作り方
❶ なすは縦半分に切り、皮目に2〜3㎜幅の切り目を斜めに浅く入れる。長さ半分に切り、水にさらす。
❷ フライパンにサラダ油を熱し、なすを皮目から入れる。両面を焼き、平らな容器に取り出す。
❸ 耐熱ボウルに🅐を入れ、ふんわりラップをかけて電子レンジで1分加熱する。❷に加え、なすにラップを密着させて冷蔵室で30分ほどおく。器に汁ごと盛り、好みで糸唐辛子を飾る。

にら玉中華スープ

材料（3人分）
にら（5㎝長さに切る）… ⅓袋
卵（溶きほぐす）… 1個
🅐 水 … 2カップ
　オイスターソース・しょうゆ … 各小さじ1
　鶏ガラスープの素・酒 … 各大さじ½

作り方
❶ 鍋ににら、🅐を入れて火にかけ、煮立ったら弱火にして2〜3分煮る。
❷ 強火にし、溶き卵を回し入れて卵が固まったらやさしく混ぜる。

memi's Recipe
Set Menu
定食ごはん
《1人分》
¥192

さばとじゃがいものフライ定食

冷凍骨とりさばを使うと、安い＆時短＆子どもも食べやすいといいこと尽くし。フライにつける紅しょうがマヨも食欲をそそります。下ごしらえに時間がかかる献立なので、スープはポイ活の乾物で簡単に♪

キャベツと油揚げのみそ炒め
和風わかめスープ
サラダ
オクラのおひたし
さばとじゃがいものフライ

Hint! 節約&アレンジのヒント

- じゃがいものフライは長いもやれんこんに変更可能。
- おひたしのオクラは冷凍さやいんげんで代用しても。
- 冷凍さばは楽天お買い物マラソン開催時なら半額。

さばとじゃがいものフライ

材料(3人分)
冷凍無塩さば(骨なし・解凍してひと口大に切る) … 200g
じゃがいも … 大1個(150g)
塩・こしょう … 各適量
小麦粉(同量の水で溶く) … 大さじ3
パン粉 … 適量
Ⓐ ゆで卵(みじん切り) … 1個
　紅しょうが(みじん切り) … 大さじ2
　マヨネーズ … 大さじ2
　和風顆粒だしの素 … 小さじ¼
　砂糖 … 小さじ½
揚げ油 … 適量

作り方
❶ じゃがいもは1cm幅の半月切りにして水にさらし、水けをきって耐熱ボウルに入れる。ふんわりラップをかけて電子レンジで4分加熱する。ざるにあげて水けをきり、粗熱をとる。
❷ さば、❶にそれぞれ別に塩、こしょう各少々をふり、水溶き小麦粉をからめてパン粉をまぶす。
❸ フライパンに揚げ油を深さ2cmほど入れて170℃に熱し、❷を揚げる。器に盛り、混ぜ合わせたⒶ、好みでレモンを添える。

オクラのおひたし

材料(3人分)
冷凍オクラ(解凍する) … 10本(150g)
Ⓐ 白だし … 大さじ2
　水 … 大さじ3
　みりん(電子レンジで1分加熱) … 大さじ1

作り方
❶ オクラは水けをふき、斜め2〜3等分に切る。
❷ 平らな容器にオクラ、Ⓐを入れてオクラにラップを密着させ、冷蔵室で30分以上おく。

キャベツと油揚げのみそ炒め

材料(3人分)
キャベツ(ひと口大に切る) … 150g
油揚げ(熱湯をかけて1cm幅に切る) … 1枚
Ⓐ みそ … 大さじ½
　酒 … 大さじ1
　砂糖・しょうゆ … 各小さじ½
　ごま油 … 小さじ1
　おろしにんにく … 少々
サラダ油 … 小さじ1

作り方
❶ フライパンにサラダ油を熱し、キャベツを炒める。しんなりしたら油揚げを加えて炒め合わせる。
❷ Ⓐを回しかけてからめる。器に盛り、好みで糸唐辛子を飾る。

和風わかめスープ

材料(3人分)
Ⓐ 乾燥わかめ … 大さじ1
　水 … 2カップ
　めんつゆ(2倍濃縮) … 大さじ2
　しょうゆ・みりん … 各小さじ2
　おろししょうが … 小さじ⅓
ごま油・白いりごま … 各小さじ1

作り方
❶ 鍋にⒶを入れて火にかけ、煮立ったらごま油、白いりごまを加える。

memi's Recipe
Set Menu
定食ごはん
【1人分】
¥192

塩だれチキンステーキ定食

さっぱり系、ガツン系、どちらも食べたい気分のときにおすすめの献立。
チキンステーキはひと口サイズに切ってから焼いてもOK。
副菜に、パンチのある甘辛長いもを組み合わせると満腹間違いなし。

甘辛長いも
小松菜ナムル
作り方 P90
作りおき● れんこんのカレーオイルあえ＋サラダ
作り方 P91
作りおき● 大根の中華風はりはり漬け
塩だれチキンステーキ

Hint! 節約&アレンジのヒント

- 胸肉はたたいてから冷凍してもOK。使うとき解凍も早く時短に。
- サラダにれんこんのカレーオイルあえを添えると豪華に見える。
- ナムルはチンゲン菜など好みの青菜で作ってもおいしい。

塩だれチキンステーキ

材料（3人分）
鶏胸肉 … 1枚(300g)
塩・こしょう … 各少々
片栗粉 … 大さじ2
Ⓐ水 … ½カップ
　鶏ガラスープの素 … 小さじ1
　片栗粉 … 小さじ1
　酒 … 大さじ2
　砂糖 … 小さじ½
　おろしにんにく … 小さじ⅓
　粗びき黒こしょう … 少々
ごま油 … 小さじ1
細ねぎ(小口切り) … 適量
サラダ油 … 大さじ1

胸肉はめん棒でたたくと、1.5倍の大きさに。繊維がほぐれて食感もやわらかくなります。

作り方
❶鶏肉は厚みのある部分を開いてラップをかぶせ、めん棒でたたいて厚さを1.5cmほどにする。縦長に3等分に切り分けて塩、こしょうをふり、片栗粉を全体にまぶす。
❷フライパンにサラダ油を熱し、❶を入れる。両面をきつね色に焼いて取り出す。
❸フライパンの汚れを軽くふいて、よく混ぜ合わせたⒶを入れ、弱火にかける。30秒ほど混ぜ、とろみがついたらごま油を加える。
❹❷をひと口大に切って器に盛り、❸をかけて細ねぎをのせる。好みでせん切りキャベツを添える。

甘辛長いも

材料（3人分）
長いも(6cm長さの棒状に切る) … 150g
片栗粉 … 大さじ1と½
Ⓐしょうゆ・みりん・酒 … 各大さじ1
　砂糖 … 小さじ2
白いりごま … 大さじ1
サラダ油 … 大さじ3

作り方
❶ポリ袋に長いも、片栗粉を入れて全体にまぶす。
❷フライパンにサラダ油を熱し、❶を揚げ焼きにする。きつね色になったらいったん取り出す。
❸フライパンの汚れをふいてⒶを入れ、火にかける。煮立ったら❷を戻し入れて煮からめる。全体に白いりごまをふる。

小松菜ナムル

材料（3人分）
小松菜(5cm長さに切る) … 1わ(200g)
Ⓐ和風顆粒だしの素・砂糖 … 各小さじ¼
　しょうゆ・ごま油 … 各小さじ1
　おろしにんにく … 少々
　白いりごま … 小さじ2

作り方
❶耐熱ボウルに小松菜を入れ、ふんわりラップをかけて電子レンジで3分加熱する。水にさらして固く絞り、Ⓐであえる。

memi's column
夏おやつは手作りアイスで節約

冷凍用のファスナーつき保存袋に濃い目のコーヒーを凍らせ、フープロにかけて牛乳と割るとコーヒーシャーベットに。棒アイスの型にはカルピス+グミ、ヨーグルト+冷凍果物で節約アイスが楽しめます。

memi's Recipe
Set Menu
定食ごはん
【1人分】
¥225

煮込みチーズハンバーグ定食

節約に見せないポイントは自家製デミソース。家にある調味料を混ぜて煮るだけで、レストラン級のハンバーグになります。スープは余りがちなかぼちゃを入れて、ムダなく使い切り！

- トマトとブロッコリーのペペロン風
- にんじんとかぼちゃのコンソメスープ
- ハムときゅうりのサラスパ
- 作り方 P91 作りおき● きゅうりと白菜のさっぱり漬け
- 煮込みチーズハンバーグ

Hint! 節約&アレンジのヒント
- サラスパの麺は長めにゆでると時間がたってもくっつかない。
- ハンバーグの添え野菜は自由。余っている野菜を消費して。
- トマトとブロッコリーのペペロン風はトマトなしでもOK。

煮込みチーズハンバーグ

材料（3人分）
合いびき肉 … 250g
玉ねぎ（みじん切り）… ½個
じゃがいも（8等分に切り、水にさらす）
　… 大1個（150g）
Ⓐ マヨネーズ … 大さじ1
　パン粉・牛乳 … 各大さじ5
　ナツメグ・塩・こしょう … 各少々
冷凍さやいんげん … 60g
Ⓑ トマトケチャップ … 大さじ3
　中濃ソース・みりん・水 … 各大さじ2
　砂糖 … 小さじ2
　おろしにんにく … 小さじ⅓
　バター … 10g
スライスチーズ（溶けるタイプ）… 3枚
サラダ油 … 小さじ1

作り方
❶玉ねぎは耐熱容器に入れ、ラップをかけて電子レンジで2分加熱する。水けをきったじゃがいもも同様にして2分加熱し、ざるにあげる。
❷ボウルにひき肉、❶の玉ねぎ、Ⓐを入れて練り混ぜ、3等分にして小判型に成形する。
❸フライパンにサラダ油を熱し、❷、❶のじゃがいもを焼く。肉に焼き色がついたら上下を返し、さやいんげんも加える。ふたをして弱火で4～5分蒸し焼きにする。野菜は火が通ったら取り出す。
❹フライパンの汚れを軽くふいてⒷを加え、1～2分煮る。ハンバーグにスライスチーズをのせてふたをし、1分蒸し焼きにする。
❺チーズが溶けたら器に盛り、残ったソースをかける。じゃがいも、さやいんげんを添え、好みでパセリをふる。

トマトとブロッコリーのペペロン風

材料（3人分）
冷凍ブロッコリー … 150g
ミニトマト（半分に切る）… 4個
Ⓐ 酒 … 大さじ1
　顆粒コンソメ … 小さじ¼
　おろしにんにく … 少々
塩・こしょう … 各少々
オリーブ油 … 小さじ1

作り方
❶フライパンに凍ったままのブロッコリーを並べ、水大さじ2をふる。ふたをして中火で5分蒸し焼きにする。
❷フライパンの水分がなくなったらオリーブ油を回しかけ、トマト、Ⓐを加えて炒め合わせる。塩、こしょうで味をととのえる。

ハムときゅうりのサラスパ

材料（3人分）
ハム（細切り）… 2枚
きゅうり（薄い輪切り）… ½本
サラダスパゲティ … 60g
塩 … 適量
Ⓐ マヨネーズ … 大さじ3
　牛乳 … 大さじ2
　レモン汁 … 小さじ½
　砂糖 … 小さじ1
こしょう … 少々

作り方
❶きゅうりは塩1つまみをもみ込み、水けを絞る。サラダスパゲティは袋の表記時間より3分長くゆで、冷水でよく洗って水けをきる。
❷ボウルに❶、ハム、Ⓐを入れて混ぜ、塩少々、こしょうでととのえる。好みで粗びき黒こしょうをふる。

にんじんとかぼちゃのコンソメスープ

材料（3人分）
にんじん（細切り）… ⅕本
かぼちゃ（ひと口大の薄切り）… 100g
冷凍コーン … 50g
水 … 2カップ
顆粒コンソメ … 小さじ2
しょうゆ・みりん … 各小さじ1

作り方
❶鍋にすべての材料を入れて火にかけ、ひと煮立ちしたら弱火にして7～8分煮る。

memi's Recipe
Set Menu
定食ごはん
《1人分》
¥166

豚こまだんごの酢豚定食

こま切れ肉はだんご状に丸めると、まるでかたまり肉のよう！
具材は炒めて合わせ調味料を加えるだけ。揚げないのでとっても簡単です。
豆腐は、こってり味のみそだれをかけるとご飯がすすむおかずに。

もやしとにんじんのナムル
中華卵スープ
みそだれ冷ややっこ
豚こまだんごの酢豚

- 中華スープのしゅうまいの皮は豆腐で代用可能。
- 酢豚のピーマンが高いときは、にんじんと玉ねぎを増量して。
- ナムルはにんじんを減らしてもやし多めにしてもOK。

豚こまだんごの酢豚

材料（3人分）
豚こま切れ肉 … 250g
にんじん（乱切り）… ⅓本（50g）
Ⓐ しょうゆ・酒 … 各小さじ1
　 おろしにんにく・おろししょうが … 各少々
片栗粉 … 大さじ1
玉ねぎ（1cm幅のくし形切り）… ½個
ピーマン（ひと口大に切る）… 2個
Ⓑ しょうゆ・酢・砂糖 … 各大さじ2
　 トマトケチャップ … 大さじ2
　 水・みりん … 各大さじ1
　 片栗粉 … 大さじ½
サラダ油 … 小さじ1

作り方
❶ 耐熱ボウルに、にんじんを入れて水大さじ1をふり、ふんわりラップをかけて電子レンジで1分加熱する。ざるにあげて水けをきる。
❷ ボウルに豚肉、Ⓐを入れてもみ込み、片栗粉をまぶす。15等分にして丸める。
❸ フライパンにサラダ油小さじ1を熱し、❷を並べて焼く。全体に焼き色がついたら具材を端に寄せてフライパンの汚れを軽くふき、玉ねぎを炒める。半透明になったらピーマン、❶を加えて炒め合わせる。混ぜ合わせたⒷを加え、手早く全体を混ぜてとろみをつける。

もやしとにんじんのナムル

材料（3人分）
もやし … 150g
にんじん（細切り）… ⅓本（50g）
Ⓐ 白すりごま … 大さじ2
　 鶏ガラスープの素 … 小さじ1
　 ごま油 … 小さじ1
　 おろしにんにく … 小さじ⅓
　 塩 … 1つまみ

作り方
❶ 耐熱ボウルにもやし、にんじんを入れ、ふんわりラップをかけて電子レンジで3分加熱する。ざるにあげ、粗熱がとれたら水けをふきとる。
❷ ボウルに❶、Ⓐを入れてあえる。

みそだれ冷ややっこ

材料（3人分）
絹ごし豆腐（6等分に切る）… 150g
Ⓐ 水 … 大さじ½
　 みそ … 小さじ2
　 砂糖 … 小さじ1
　 コチュジャン … 小さじ⅓
　 酢 … 小さじ½
細ねぎ（小口切り）… 少々

作り方
❶ 豆腐は水けをふきとって器に盛り、混ぜ合わせたⒶをかけて細ねぎをのせる。

中華卵スープ

材料（3人分）
卵（溶きほぐす）… 1個
しゅうまいの皮 … 8枚
Ⓐ 水 … 2カップ
　 鶏ガラスープの素 … 小さじ2
　 しょうゆ … 大さじ½
ごま油 … 小さじ1
白いりごま … 少々

作り方
❶ しゅうまいの皮はふちに水をつけ、三角に折る。
❷ 鍋にⒶを入れて火にかけ、ひと煮立ちしたら❶を加えて2分煮る。
❸ 強火にして溶き卵を回し入れ、卵が固まったらやさしく混ぜる。仕上げにごま油を回しかける。器に盛り、白いりごまをふる。

memi's Recipe
Set Menu
定食ごはん
1人分
¥184

ひき肉とたっぷり野菜のオムレツ定食

メインは肉や魚に限らず、卵もあり！　半端な野菜を具にすれば、ひき肉少なめでも豪華定食になります。きのこや青菜はにんにくや塩昆布でうまみを効かせ、子どもも食べやすい味に。

小松菜とちくわの塩昆布あえ
白菜と油揚げのみそ汁
えのき天
サラダ
ひき肉とたっぷり野菜のオムレツ

> **Hint!** 節約&アレンジのヒント
> - オムレツ具材は余っている野菜を刻めばOK。
> - あえものの青菜は小松菜のほか、ほうれん草でも。
> - 天ぷらのえのきはまいたけで作っても。

ひき肉とたっぷり野菜のオムレツ

材料（3人分）
- 合いびき肉 … 150g
- じゃがいも（さいの目切り）… 大1個（150g）
- 玉ねぎ（みじん切り）… ½個
- にんじん（みじん切り）… ⅓本
- Ⓐ 顆粒コンソメ … 小さじ½
  - トマトケチャップ・酒 … 各大さじ2
  - 中濃ソース … 大さじ1
  - カレー粉・片栗粉 … 各小さじ½
  - おろしにんにく … 小さじ⅓
- Ⓑ 卵 … 3個
  - マヨネーズ … 大さじ1
  - 牛乳 … 小さじ2
- トマトケチャップ・粉チーズ … 各適量
- サラダ油 … 適量

作り方
❶ じゃがいもは水にさらして水けをきり、耐熱ボウルに入れる。ラップをかけて電子レンジで4分加熱し、ざるにあげる。
❷ フライパンにサラダ油小さじ1を熱し、❶、玉ねぎ、にんじんを炒める。ひき肉を加えて炒め、肉の色が変わったら、Ⓐを加えて手早く混ぜ合わせる。
❸ 小さめのフライパンにサラダ油小さじ1を強火で熱し、Ⓑの卵液の⅓量を流し入れて軽く混ぜる。弱火にし、❷の⅓量をのせてオムレツを作る。残りも同様にして作る。器に盛り、トマトケチャップ、粉チーズ、好みでパセリをふる。

えのき天

材料（3人分）
- えのきだけ（根元を切り、9等分に割く）… ⅓袋（80g）
- Ⓐ しょうゆ・酒 … 各小さじ2
  - おろしにんにく … 小さじ⅓
- 片栗粉 … 大さじ4
- サラダ油 … 大さじ4

作り方
❶ ポリ袋にえのきだけ、Ⓐを入れて軽くもみ込み、10分おく。バットに片栗粉を入れて、1束ずつまぶす。
❷ フライパンにサラダ油を熱し、❶をきつね色に揚げ焼きする。器に盛り、好みでレモンを添える。

小松菜とちくわの塩昆布あえ

材料（3人分）
- 小松菜（5㎝長さに切る）… 1わ（200g）
- ちくわ（長さ半分に切って細切り）… 3本
- Ⓐ 塩昆布 … 大さじ2
  - 白だし … 小さじ1
  - 白いりごま … 小さじ2
  - ごま油 … 小さじ2

作り方
❶ 耐熱ボウルに小松菜を入れ、ふんわりラップをかけて電子レンジで3分加熱する。冷水にさらし、水けを固く絞る。
❷ ボウルに❶、ちくわ、Ⓐを入れてあえる。

白菜と油揚げのみそ汁

材料（3人分）
- 白菜（1㎝幅に切る）… 100g
- 油揚げ（熱湯をかけて短冊切り）… 1枚
- Ⓐ 水 … 2カップ
  - 和風顆粒だしの素 … 小さじ⅔
  - みりん … 大さじ½
- みそ … 大さじ1と½

作り方
❶ 鍋に白菜、油揚げ、Ⓐを入れて火にかける。ひと煮立ちしたら弱火にし、6〜7分煮てみそを溶き入れる。

73

memi's Recipe
Set Menu
定食ごはん
〖1人分〗
¥159

ちくわとキャベツの かき揚げ定食

ピンチの日の救世主ごはん！ キャベツの外葉やちくわなどの寄せ集め食材も、かき揚げにすれば堂々の一品。お腹にもたまります。きんぴら、ごまあえは常備菜になるので、多めに作って保存しても。

もやしとコーンのみそ汁
れんこんのきんぴら
ちくわとキャベツの紅しょうがかき揚げ
いんげんのごまあえ
豚こま天

- かき揚げの紅しょうがは入れなくても大丈夫。
- あえもののさやいんげんは冷凍いんげんでコストダウン。
- みそ汁の具はこれに限らず、在庫食材をムダなく使って。

ちくわとキャベツの紅しょうがかき揚げ

材料（3人分）
キャベツ（あれば外葉）… 80g
ちくわ（長さ半分に切って細切り）… 3本
紅しょうが（水けをきってふく）… 大さじ2
小麦粉 … 大さじ1
Ⓐ 水・小麦粉 … 各大さじ3
　片栗粉 … 大さじ2
揚げ油 … 適量

作り方
❶キャベツは繊維を断つように1cm幅に切り、茎の部分は薄切りにする。
❷ボウルに❶、ちくわ、紅しょうがを入れて全体に小麦粉をまぶす。混ぜ合わせたⒶを加えてころもをからめる。
❸鍋に揚げ油を深さ3cmほど入れて170℃に熱し、❷をお玉ですくって形をととのえ、静かに油に落としてきつね色に揚げる。器に豚こま天とともに盛り、薄めためんつゆ、好みでレモンを添える

れんこんのきんぴら

材料（3人分）
れんこん（2mm厚さの半月切り）… 150g
にんじん（細切り）… 1/5本（30g）
Ⓐ しょうゆ・砂糖 … 各大さじ1
　酒 … 大さじ1/2
白いりごま … 小さじ2
サラダ油 … 小さじ1

作り方
❶れんこんは酢水にさらし、水けをきる。
❷フライパンにサラダ油を熱し、れんこん、にんじんを炒める。しんなりしたらⒶを加え、汁けがなくなるまで炒める。全体に白いりごまをふる。

豚こま天

材料（3人分）
豚こま切れ肉 … 150g
塩・こしょう … 各少々
Ⓐ 小麦粉 … 大さじ5
　水・酒 … 各大さじ2
　マヨネーズ … 小さじ2
　青のり … 小さじ2
　鶏ガラスープの素 … 小さじ1
揚げ油 … 適量

作り方
❶豚肉はひと口大に軽く握って形をととのえ、塩、こしょうをふる。
❷ボウルにⒶを入れて混ぜ、❶を加えてころもをつける。
❸鍋に揚げ油を深さ3cmほど入れて170℃に熱し、❷を揚げる。

いんげんのごまあえ

材料（3人分）
冷凍さやいんげん（解凍して長いものは半分に切る）… 150g
Ⓐ めんつゆ（2倍濃縮）… 大さじ1
　しょうゆ … 小さじ1/2
　白すりごま … 大さじ2

作り方
❶ボウルに水けをふきとったさやいんげん、Ⓐを入れてあえる。

もやしとコーンのみそ汁

材料（3人分）
もやし … 100g
冷凍コーン … 50g
Ⓐ 水 … 2カップ
　和風顆粒だしの素 … 小さじ2/3
　みりん … 小さじ2
みそ … 大さじ1と1/2
細ねぎ（小口切り）… 少々

作り方
❶鍋にもやし、コーン、Ⓐを入れて火にかけ、煮立ったら弱火にして2分煮る。みそを溶き入れる。
❷器に盛り、細ねぎをのせる。

memi's Recipe
Set Menu
定食ごはん
【1人分】
¥197

鶏肉と里いもの煮もの定食

煮ものの献立は見た目地味だけど、実は作るのがラク！　冷凍里いもなら皮むきも不要だし、調味料を入れたあとは基本放置。時間がないときや疲れているとき、体にやさしいごはんが食べたいときにおすすめです。

にんじんの白あえ

ブロッコリーのゆずごしょうマヨ

作り方P91
作りおき●のりのつくだ煮

玉ねぎのかきたまみそ汁

鶏肉と里いもの煮もの

Hint! 節約＆アレンジのヒント

● 白あえはフープロがあればあっという間に作れる。
● のりのつくだ煮を添えることで、いっそう満足ごはんに。
● 煮ものの野菜は、じゃがいもやごぼうなど好みの根菜でも。

鶏肉と里いもの煮もの

材料（3人分）
鶏もも肉（ひと口大に切る）… 小1枚（250g）
れんこん … 100g
冷凍里いも … 200g
Ⓐ水 … 1カップ
　和風顆粒だしの素 … 小さじ⅓
　しょうゆ・みりん・酒 … 各大さじ1と½
　砂糖 … 大さじ1
　おろししょうが … 小さじ⅓
細ねぎ（小口切り）… 少々
サラダ油 … 小さじ1

作り方
❶れんこんは1cm厚さの輪切りにする。酢水にさらし、水けをきる。
❷鍋にサラダ油を熱し、鶏肉を皮目から入れる。全体に焼き色がついたら、❶を加えて炒め合わせる。
❸れんこんに油が回ったら、Ⓐを加えて強火にかける。煮立ったらあくをとり、凍ったままの里いもを加える。落としぶたをして弱めの中火で15分煮る。器に盛り、細ねぎをのせる。

ブロッコリーのゆずごしょうマヨ

材料（3人分）
ブロッコリー（小房に分けて塩ゆで）… ½個（150g）
Ⓐマヨネーズ … 大さじ1
　ごま油 … 小さじ1
　オイスターソース … 小さじ⅔
　ゆずごしょう … 少々

作り方
❶ボウルにⒶを入れて混ぜ、水けをきったブロッコリーを加えてあえる。

にんじんの白あえ

材料（3人分）
にんじん（せん切り）… 1本（150g）
Ⓐ木綿豆腐 … 150g
　しょうゆ … 小さじ2
　和風顆粒だしの素 … 小さじ⅓
　砂糖 … 大さじ½
　白すりごま … 大さじ2

作り方
❶耐熱ボウルににんじんを入れ、ふんわりラップをかけて電子レンジで3分加熱する。ざるにあげて水けをきる。
❷フードプロセッサーにⒶを入れ、攪拌する（なければボウルで混ぜる）。ボウルに移し、❶を加えてあえる。

玉ねぎのかきたまみそ汁

材料（3人分）
玉ねぎ（薄切り）… ⅓個
Ⓐ水 … 2カップ
　和風顆粒だしの素 … 小さじ⅔
　みりん … 小さじ1
みそ … 大さじ1と½
卵（溶きほぐす）… 1個

作り方
❶鍋に玉ねぎ、Ⓐを入れて火にかけ、煮立ったら弱火にして4〜5分煮る。
❷みそを溶き入れ、強火にして溶き卵を回し入れる。卵が固まってきたらやさしく混ぜる。

memi's Recipe
Set Menu
定食ごはん
[1人分]
¥182

揚げ出し豆腐 そぼろあんかけ定食

肉や魚と同じたんぱく源として重宝する豆腐。そぼろあんをたっぷりかけて、おろししょうがと刻みねぎを添えると一気に高級感あふれるおかずに♪　副菜はあえもの2品でさっぱりとまとめます。

- 小松菜のおかかあえ
- もやしときゅうりの甘酢あえ
- キャベツとコーンのみそ汁
- 作り方 P91　作りおき●のりのつくだ煮
- 揚げ出し豆腐そぼろあんかけ

- 豚ひき肉は、こま切れ肉をフープロでひくと節約に。
- あんかけの添え野菜は、葉もの以外なら何でもOK。
- 甘酢あえはきゅうりなしで、全部もやしにするとさらに安価に。

揚げ出し豆腐そぼろあんかけ

材料（3人分）
豚ひき肉 … 120g
木綿豆腐（6等分に切る）… 200g
Ⓐ 水 … 1カップ
　和風顆粒だしの素 … 小さじ½
　しょうゆ・酒 … 各小さじ2
　みりん … 大さじ1
　砂糖 … 小さじ1
　おろししょうが … 小さじ½
片栗粉（同量の水で溶く）… 小さじ2
片栗粉（豆腐用）… 適量
かぼちゃ（薄切り）… 150g
冷凍オクラ（解凍して縦半分に切る）… 5本
細ねぎ（小口切り）… 少々
おろししょうが … 適量
サラダ油 … 適量

作り方
❶ 鍋にサラダ油小さじ½を熱し、ひき肉を炒める。肉の色が変わったらⒶを加え、ひと煮立ちしたらあくをとる。弱火にして水溶き片栗粉を加え、混ぜながらとろみをつける。
❷ 豆腐はペーパータオルに包んで水けをふき、片栗粉を全体にまぶす。
❸ フライパンにサラダ油を多めに熱し、❷を両面揚げ焼きにする。続けてかぼちゃを揚げ焼きにする。
❹ 器に❸、オクラを盛り、❶をかける。細ねぎ、おろししょうがをのせる。

小松菜のおかかあえ

材料（3人分）
小松菜（5cm長さに切る）… 1わ（200g）
Ⓐ めんつゆ（2倍濃縮）… 大さじ1
　しょうゆ … 小さじ½
　かつお節 … 大さじ2

作り方
❶ 耐熱ボウルに小松菜を入れ、ふんわりラップをかけて電子レンジで3分加熱する。冷水にさらし、固く絞る。
❷ ボウルに❶、Ⓐを入れてあえる。

もやしときゅうりの甘酢あえ

材料（3人分）
もやし … 150g
きゅうり（細切り）… 1本
塩 … 1つまみ
ハム（細切り）… 2枚
Ⓐ ごま油・砂糖・酢 … 各小さじ1
　しょうゆ … 小さじ2
　鶏ガラスープの素 … 小さじ½
　白すりごま … 大さじ2

作り方
❶ きゅうりは塩をもみ込み、10分ほどおいて水けを固く絞る。
❷ 耐熱ボウルにもやしを入れ、ふんわりラップをかけて電子レンジで3分加熱する。ざるにあげて粗熱をとり、水けをふく。ハム、❶、Ⓐであえる。

キャベツとコーンのみそ汁

材料（3人分）
キャベツ（ひと口大に切る）… 100g
冷凍コーン … 50g
Ⓐ 水 … 2カップ
　和風顆粒だしの素 … 小さじ⅔
　みりん … 小さじ2
みそ … 大さじ1と½

作り方
❶ 鍋にキャベツ、コーン、Ⓐを入れて火にかけ、煮立ったら弱火にして5分煮る。みそを溶き入れる。

memi's Recipe
Set Menu
定食ごはん
【1人分】
¥183

鶏胸肉のごまみそカツ定食

胸肉がごちそうになる、安くておいしい満足プレート。甘辛みそだれが食欲をそそります。和風味が新鮮なじゃがバターは、レンジとトースターで超簡単！　しらすのちりめん山椒風を添えるとご飯もすすみます。

長いもの梅肉あえ
和風じゃがバター
小松菜とかにかまのみそ汁
作りおき●しらすの ちりめん山椒風　作り方 P91
サラダ
鶏胸肉のごまみそカツ

Hint! 節約&アレンジのヒント
- 余りがちなかにかまは、みそ汁に入れて消費。
- 胸肉はすき間時間にパン粉までつけて冷凍しておくと時短に。
- カツに添えるキャベツが高いときはレタスや水菜でも。

鶏胸肉のごまみそカツ

材料(3人分)
鶏胸肉 … 1枚(300g)
塩・こしょう … 各少々
小麦粉(同量の水で溶く) … 大さじ3
パン粉 … 適量
Ⓐ 甜麺醤 … 大さじ1
　 酒・みりん(合わせて電子レンジで1分加熱)
　　 … 各小さじ2
　 中濃ソース … 小さじ1
　 砂糖 … 小さじ½
　 白すりごま … 大さじ1
白いりごま … 少々
揚げ油 … 適量

作り方
❶ 鶏肉は厚みのある部分を開いてラップをかぶせ、めん棒でたたいて厚さを1.5cmほどにする。縦長に3等分に切り分け、塩、こしょうをふる。
❷ ❶に水溶き小麦粉をからめ、パン粉をまぶす。
❸ フライパンに揚げ油を深さ3cmほど入れて170℃に熱し、❷を揚げる。食べやすく切り分けて器に盛り、混ぜ合わせたⒶをかけて白いりごまをふる。

長いもの梅肉あえ

材料(3人分)
長いも(1cm幅のいちょう切り) … 150g
Ⓐ 梅干し(塩分6%・種を取りたたく) … 小2〜3個(15g)
　 めんつゆ(2倍濃縮) … 大さじ1

作り方
❶ 長いもは水にさらして水けをふく。
❷ バットなど平らな容器に❶、混ぜ合わせたⒶを入れてなじませる。長いもにラップを密着させて、冷蔵室に30分ほどおく。

和風じゃがバター

材料(3人分)
じゃがいも(半月切り) … 2個(200g)
和風顆粒だしの素 … 小さじ½
塩・こしょう … 各適量
バター(3等分に切る) … 12g
細ねぎ(小口切り)・かつお節 … 各少々

作り方
❶ じゃがいもは水にさらして水けをきり、耐熱ボウルに入れる。ふんわりラップをかけて電子レンジで4分加熱し、ざるにあげる。水けをきってボウルに戻し、和風顆粒だしの素を加えて混ぜる。
❷ アルミホイルに❶の⅓量を並べ、塩、こしょう各少々を全体にまぶす。バター⅓量をのせ、アルミホイルの口を閉じる。残りも同様にして作り、オーブントースターで5分焼く。取り出してかつお節をふり、細ねぎをのせる。

小松菜とかにかまのみそ汁

材料(3人分)
小松菜(5cm長さに切る) … ⅓わ(70g)
かに風味かまぼこ(手で割く) … 5本
Ⓐ 水 … 2カップ
　 和風顆粒だしの素 … 小さじ⅔
　 みりん … 小さじ1
みそ … 大さじ1と½

作り方
❶ 鍋に小松菜、かに風味かまぼこ、Ⓐを入れて火にかけ、煮立ったら弱火にして5分煮る。みそを溶き入れる。

memi's Recipe
Set Menu
定食ごはん

【1人分】
¥199

豚バラと小松菜の煮もの定食

煮ものは、煮汁を温めて具材を入れたら放置。鍋感覚で作れるから実は時短おかずなんです。肉の値段がはる分、みそ汁は乾物でコストダウン。さやいんげんは業スーの冷凍で予算内に抑えます。

ごぼうとにんじんのツナマヨ

お麩とわかめのみそ汁

サラダ

いんげんのバターしょうゆ炒め

豚バラと小松菜の煮もの ゆずごしょう風味

Hint! 節約＆アレンジのヒント
- 煮ものの小松菜は、春菊やほうれん草など好みの青菜でも。
- ごぼうの副菜はにんじん多めでもOK。
- みそ汁のお麩がなければ、ほかの野菜やわかめのみでも。

豚バラと小松菜の煮もの ゆずごしょう風味

材料(3人分)
豚バラ薄切り肉(7cm長さに切る) … 180g
小松菜(5cm長さに切る) … 1/3わ(70g)
Ⓐ水 … 1カップ
　白だし … 大さじ3
　みりん … 大さじ2
　酒 … 大さじ1
　ゆずごしょう … 小さじ1/2
油揚げ(熱湯をかけて2cm幅に切る) … 2枚

作り方
❶鍋にⒶを入れ、ひと煮立ちしたら中火にし、豚肉を加えてほぐしながら煮る。あくをとり、小松菜の茎部分を入れて2分ほど煮たら、葉の部分、油揚げを加えて3分煮る。
❷器に盛り、好みで糸唐辛子を飾る。

ごぼうとにんじんのツナマヨ

材料(3人分)
ごぼう(ピーラーでむき、酢水にさらす) … 80g
にんじん(ピーラーでむく) … 1/3本(50g)
酢・みりん … 各小さじ2
ツナ(軽く油をきる) … 1缶(70g)
Ⓐマヨネーズ・白すりごま … 各大さじ2
　めんつゆ(2倍濃縮) … 大さじ1
　しょうゆ … 小さじ1/2
　砂糖 … 小さじ1

作り方
❶耐熱ボウルに水けをきったごぼう、にんじん、酢、みりんを入れて混ぜ、ふんわりラップをかけて電子レンジで6分加熱する。
❷❶の粗熱が取れたら、ツナ、Ⓐを加えてあえる。

いんげんのバターしょうゆ炒め

材料(3人分)
冷凍さやいんげん(長いものは半分に切る) … 150g
Ⓐしょうゆ … 小さじ2
　みりん … 小さじ2
　バター … 5g
粗びき黒こしょう … 少々
サラダ油 … 小さじ1

作り方
❶フライパンにサラダ油を熱し、凍ったままのさやいんげんを炒める。火が通ったらⒶを加えてからめる。器に盛り、粗びき黒こしょうをふる。

お麩とわかめのみそ汁

材料(3人分)
好みの麩 … 適量
乾燥わかめ … 大さじ1
Ⓐ水 … 2カップ
　和風顆粒だしの素 … 小さじ2/3
　みりん … 大さじ1/2
みそ … 大さじ1と1/2

作り方
❶鍋に麩、わかめ、Ⓐを入れて火にかける。煮立ったら弱火にしてみそを溶き入れる。

memi's column
おすすめ100均グッズ④
軽量スプーン

小さじ1/4や1/3まであるので、細かい軽量にとても重宝。いちいち計るの手間！　と思うかもしれないけれど、計れば一回で味が決まるし、調味料の使いすぎが防げて節約に役立ちますよ。

memi's Recipe
Set Menu
定食ごはん
【1人分】
¥180

チンジャオロース―定食

激安の牛肉が手に入ったときは、ごほうび中華ごはん♪
ピーマンと玉ねぎでボリュームアップさせます。半端に残った
豆腐も、かにかまあんかけをかけて彩りきれいなミニおかずに。

豆腐のかにかまあんかけ
白菜と春雨の中華スープ
いんげんのツナあえ
チンジャオロース―

Hint! 節約＆アレンジのヒント
- チンジャオロースーは豚バラ肉で作ってもおいしい。
- ツナ缶がないときは、さやいんげんを使ったほかの副菜（P125参照）に。
- 安い乾燥春雨は、常備しておくと汁もののかさま増しに便利。

チンジャオロースー

材料（3人分）
牛切り落とし肉 … 180g
玉ねぎ（1㎝幅のくし形切り）… 1個
ピーマン（縦に細切り）… 3個
Ⓐ しょうゆ・酒 … 各大さじ1
　 オイスターソース … 小さじ2
　 砂糖 … 小さじ1
　 おろしにんにく・おろししょうが … 各小さじ⅓
サラダ油 … 小さじ1

作り方
❶フライパンにサラダ油を熱し、玉ねぎを炒める。玉ねぎが透き通ってきたら牛肉を加えて炒め合わせる。
❷肉の色が変わったらピーマンを加えて炒め、しんなりしたら、混ぜ合わせたⒶを加えてからめる。

いんげんのツナあえ

材料（3人分）
冷凍さやいんげん（解凍する）… 150g
ツナ缶（汁ごと加える）… 1缶（70g）
砂糖 … 小さじ½
しょうゆ … 小さじ1
和風顆粒だしの素 … 小さじ¼
白すりごま … 大さじ1

作り方
❶さやいんげんは長いものは半分に切り、水けをふく。
❷ボウルにすべての材料を入れてあえる。

memi's column
捨てちゃう鶏皮で絶品焼き鳥

鶏胸肉からはがした皮もおかず一品になるので捨てないで。キッチンばさみで皮を3㎝幅に切り、竹串に刺して塩、こしょうをふってグリルで焼くだけ。鶏皮1〜2枚につき、1本分のおいしい鶏皮焼きができます。

豆腐のかにかまあんかけ

材料（3人分）
絹ごし豆腐（6等分に切る）… 150g
かに風味かまぼこ（手で割く）… 3本
Ⓐ 水 … ¾カップ
　 鶏ガラスープの素 … 小さじ½
　 白だし・ごま油 … 各小さじ1
　 おろししょうが … 少々
片栗粉（同量の水で溶く）… 小さじ1
細ねぎ（小口切り）… 少々

作り方
❶小鍋にⒶ、かに風味かまぼこを入れて火にかけ、ひと煮立ちしたら弱火にし、水溶き片栗粉を加えてとろみをつける。
❷器に水けをきった豆腐を盛り、❶をかけて細ねぎをのせる。

白菜と春雨の中華スープ

材料（3人分）
白菜（1㎝幅に切る）… 80g
乾燥春雨 … 30g
Ⓐ 水 … 2カップ
　 鶏ガラスープの素 … 小さじ2
　 しょうゆ … 小さじ2
　 酒・みりん … 各小さじ1
白いりごま … 少々
ごま油 … 小さじ1

作り方
❶鍋に白菜、Ⓐを入れて火にかけ、煮立ったら弱火にし、3分煮る。
❷乾燥したままの春雨を加え、弱火で3〜4分煮る。ごま油を回しかけて器に盛り、白いりごまをふる。

ロールキャベツ定食

キャベツが安いときに作りたい定番の洋食献立。ちぎれたキャベツも重ねて巻けるので、気軽にトライして。副菜で使った冷凍里いもは、皮むきいらずでコスパのいい野菜。ストックしておくと便利！

- れんこんごまマヨあえ
- ゴロゴロフライド里いも
- 作りおき● にんじんのマーマレードラペ＋サラダ　作り方 P90
- 作りおき● 大根の中華風はりはり漬け　作り方 P91
- ロールキャベツ

**Hint!
節約&
アレンジの
ヒント**

- 合いびき肉は、豚または鶏のひき肉に変えても。
- 里いもは冷凍を使えば安くて皮むきいらず。
- メインに手がかかるので、作りおき副菜を活用して。

ロールキャベツ

材料（3人分）
キャベツ（大きめの葉）… 250g
合いびき肉 … 250g
玉ねぎ（みじん切り）… ¼個
Ⓐ パン粉・牛乳 … 各大さじ2
　マヨネーズ … 大さじ1
　ナツメグ・塩・こしょう … 各少々
ベーコン（2㎝幅に切る）… 4枚
Ⓑ 水 … 2カップ
　顆粒コンソメ … 小さじ2
　しょうゆ・みりん … 各大さじ1
　砂糖 … 小さじ1
　ローリエ … 1枚
粗びき黒こしょう … 少々
サラダ油 … 小さじ½

作り方
❶深鍋に湯を沸かし、キャベツを入れて2〜3分ゆでる。ざるにあげてさます（芯が厚いものはそぎ切りする）。
❷ボウルにひき肉、玉ねぎ、Ⓐを入れて練り混ぜ、6等分にして俵型に成形する。
❸❶のキャベツを広げ、❷の⅙量をのせて包む。巻き終わりをつま楊枝で留める。残りも同様にして作る。
❹鍋にサラダ油を熱し、ベーコンを軽く炒める。Ⓑを加えて❸の巻き終わりを下にして入れる。煮立ったらあくをとり、弱めの中火にして落としぶたをし、30分煮る（途中で上下を返す）。器に盛り、粗びき黒こしょうをふる。

広げたキャベツの手前にたねをのせて。キャベツが小さければ2枚重ねて1枚分にしてもOK。

ゴロゴロフライド里いも

材料（3人分）
冷凍里いも … 10個（180g）
Ⓐ しょうゆ … 小さじ2
　酒 … 小さじ1
　おろしにんにく … 小さじ⅓
片栗粉 … 大さじ2
サラダ油 … 大さじ3

作り方
❶耐熱ボウルに凍ったままの里いもを入れ、ふんわりラップをかけて電子レンジで4〜5分加熱する。ざるにあげて水けをきり、粗熱がとれたらフォークの背で潰す。
❷ポリ袋に❶、Ⓐを入れて軽くもみ込み、空気を抜いて口を閉じる。10分以上おいて片栗粉を加えて混ぜる。
❸フライパンにサラダ油を熱し、❷をきつね色に揚げ焼きする。

加熱した里いもは、下味に漬ける前にフォークの背でしっかり潰すと、中まで味がしみ込みます。

れんこんごまマヨあえ

材料（3人分）
れんこん（2㎜幅の半月切り）… 150g
Ⓐ マヨネーズ … 大さじ2
　和風顆粒だしの素 … 小さじ½
　しょうゆ・砂糖 … 各小さじ1
　酢 … 小さじ½
　白すりごま … 大さじ1

作り方
❶れんこんは酢水にさらして水けをきり、耐熱ボウルに入れる。ふんわりラップをかけて電子レンジで3分加熱する。ざるにあげて水けをきり、粗熱がとれたらⒶであえる。

memi's Recipe
Set Menu
定食ごはん
【1人分】
¥199

鶏手羽と卵の
カレー煮込み定食

食べごたえのある骨つき肉を、家族が好きなカレー味で煮込んだ献立。肉の少なさは、ゆで卵でカバーします。あえもののオクラは通年安い冷凍品。解凍後、水分をよくふくと味がぼけずに仕上がります。

えのきと豆腐のみそ汁
サラダ
オクラの梅肉あえ
にんじんのおかかマヨ
鶏手羽と卵のカレー煮込み

> **Hint!** 節約&アレンジのヒント
> - メインを煮込んでいる間に副菜を作ると効率的。
> - にんじんのあえものはお弁当にもおすすめの一品。
> - 鶏手羽元は、手羽先にしてもOK。

鶏手羽と卵のカレー煮込み

材料（3人分）
鶏手羽元 … 8本
ゆで卵 … 3個
Ⓐ 酢 … 大さじ2
　 砂糖 … 小さじ1
Ⓑ 水 … 1カップ
　 しょうゆ・酒 … 各大さじ2
　 みりん・砂糖 … 各大さじ1
　 カレー粉 … 小さじ1
　 和風顆粒だしの素 … 小さじ½
サラダ油 … 小さじ1

作り方
❶鶏肉はキッチンばさみで骨に沿って切り込みを入れて開き、Ⓐをもみ込んで10分ほどおく。
❷鍋にサラダ油を熱し、❶の鶏肉を皮目から焼く。全体に焼き色がついたらⒷを加えて強火にする。ひと煮立ちしたらあくをとり、落としぶたをして弱めの中火で15分煮る。
❸❷にゆで卵を加え、1～2分煮る。卵を半分に切って鶏肉とともに器に盛る。

オクラの梅肉あえ

材料（3人分）
冷凍オクラ（解凍して水けをふき、斜めに切る） … 10本（150g）
梅干し（塩分6％） … 小2～3個（15g）
めんつゆ（2倍濃縮） … 大さじ1

作り方
❶梅干しは種を取り、たたく。
❷ボウルに❶、オクラ、めんつゆを入れてあえる。

にんじんのおかかマヨ

材料（3人分）
にんじん（ピーラーでむく） … 1本（150g）
Ⓐ めんつゆ（2倍濃縮） … 大さじ1
　 マヨネーズ … 大さじ2
　 酢・砂糖 … 各小さじ½
　 かつお節 … 大さじ3

作り方
❶耐熱ボウルににんじんを入れ、ふんわりラップをかけて電子レンジで3分加熱する。粗熱がとれたらⒶであえる。

えのきと豆腐のみそ汁

材料（3人分）
えのきだけ（根元を切り、5㎝長さに切る） … ¼袋
絹ごし豆腐（2㎝の角切り） … 100g
Ⓐ 水 … 2カップ
　 和風顆粒だしの素 … 小さじ⅔
　 みりん … 小さじ2
みそ … 大さじ1と½
細ねぎ（小口切り） … 少々

作り方
❶鍋にえのきだけ、豆腐、Ⓐを入れて火にかけ、ひと煮立ちしたら弱火にして3分煮る。みそを溶き入れる。
❷器に盛り、細ねぎをのせる。

---

memi's column
週末は残り物のお弁当でピクニック

お弁当分を考えて前日の晩ごはんを多めに作り、家族で近所の公園へ。自然に触れ、おいしい空気を吸ってお弁当を食べると気分が上がり、体を動かすことで健康増進に♪　家族全員、風邪も滅多にひきません。

おかずが寂しいときに重宝！ プラスワン副菜＆トッピング

副菜

1〜2種用意しておけば、時間がないときや食材が足りないときも困らない！
保存がきくので、野菜が安いときにまとめ買いして作っておくのがおすすめ。

にんじんのマーマレードラペ

〈保存〉冷蔵4日／冷凍21日

材料（作りやすい分量）
- にんじん（せん切り）… 1本（150g）
- 酢 … 大さじ1
- 塩 … 小さじ⅓
- マーマレード … 小さじ2
- オリーブ油 … 大さじ1と½

作り方
❶ボウルにすべての材料を入れて混ぜ、10分ほどおく。

れんこんのカレーオイルあえ

〈保存〉冷蔵3日／冷凍14日

材料（作りやすい分量）
- れんこん … 150g
- Ⓐ オリーブ油 … 大さじ½
- 　鶏ガラスープの素 … 小さじ1
- 　めんつゆ（2倍濃縮）… 大さじ1
- 　カレー粉・酢・砂糖 … 各小さじ½

作り方
❶れんこんは2mm幅の半月切りかいちょう切りにして酢水にさらす。水けをきり、耐熱ボウルに入れる。ふんわりラップをかけて電子レンジで3分加熱する。温かいうちにⒶを加えてあえる。

キャベツのマスタードラペ

〈保存〉冷蔵3日／冷凍14日

材料（作りやすい分量）
- キャベツ（せん切り）… 200g
- 塩 … 小さじ½
- Ⓐ オリーブ油 … 大さじ1
- 　砂糖 … 小さじ1
- 　マスタード … 小さじ2
- 　酢 … 小さじ1

作り方
❶キャベツに塩をもみ込み10分ほどおく。水けを固く絞る、Ⓐであえる。

ブロッコリーのうま塩あえ

〈保存〉冷蔵2日／冷凍14日

材料（作りやすい分量）
- ブロッコリー（小房に分ける）… ½個（150g）
- Ⓐ ごま油 … 小さじ2
- 　鶏ガラスープの素 … 小さじ½
- 塩 … 少々

作り方
❶ブロッコリーは塩ゆでする。ボウルに混ぜ合わせたⒶ、ブロッコリーを入れてあえ、塩で味をととのえる。

レンチンきのこのアヒージョ

〈保存〉冷蔵3日／冷凍21日

材料（作りやすい分量）
- しめじ（ほぐす）… 1パック
- まいたけ（ほぐす）… 1パック
- Ⓐ オリーブ油 … 大さじ2
- 　顆粒コンソメ … 小さじ½
- 　赤唐辛子（小口切り）… 少々
- 塩・こしょう … 各少々

作り方
❶耐熱ボウルにきのこ、Ⓐを入れ、ふんわりラップをかけて電子レンジで2分加熱する。取り出して混ぜ、さらに2分加熱して塩、こしょうで味をととのえる。

パプリカマリネ

〈保存〉冷蔵4日／冷凍21日

材料（作りやすい分量）
- 赤・黄パプリカ（2mm幅の薄切り）… 各1個
- 酢 … 大さじ1
- 砂糖 … 小さじ2
- 塩 … 小さじ½
- オリーブ油 … 大さじ2

作り方
❶ボウルにすべての材料を入れて混ぜ、10分ほどおく。

ごはんの友

「今日の献立、ちょっと少ないかも？」なときに威力を発揮。これがあれば白いご飯だけでお腹いっぱいになってもらえるから、「保険」としてあると便利。

しらすのちりめん山椒風

〈保存〉
冷蔵5日
冷凍14日

材料(作りやすい分量)
しらす … 60g
しょうゆ … 大さじ½
酒・みりん … 各大さじ2
砂糖 … 小さじ1
粉山椒 … 小さじ⅓

作り方
①小鍋にすべての材料を入れて火にかけ、煮立ったら中火で汁けがなくなるまで5～6分からめる。

のりのつくだ煮

〈保存〉
冷蔵5日
冷凍21日

材料(作りやすい分量)
焼きのり(手でちぎる) … 全型5枚
Ⓐ しょうゆ・酒 … 各大さじ1
　みりん … 大さじ2
　砂糖 … 小さじ2
　水 … ¾カップ
　和風顆粒だし … 小さじ⅓

作り方
①小鍋にすべての材料を入れて火にかけ、煮立ったら中火にし、汁けがなくなるまで混ぜながら5～6分煮る。

漬けもの

脇役だけど、あればご飯がすすむありがたいおかず。日持ちがするので、きゅうりや大根が安いとき、余ったときに作っておくと役に立ちます。

きゅうりと白菜のさっぱり漬け

〈保存〉
冷蔵3日
冷凍14日

材料(作りやすい分量)
きゅうり(薄い輪切り) … 1本
白菜(1cm幅に切る) … 100g
塩 … 小さじ⅓
Ⓐ 白だし … 大さじ1
　酢・砂糖 … 各小さじ1

作り方
①ボウルにきゅうり、白菜を入れて塩をもみ込み、10分おいて水けを絞る。
②ポリ袋に①、Ⓐを入れて軽くもむ。空気を抜いて袋の口を閉じ、冷蔵室に30分ほどおく。

大根の中華風はりはり漬け

〈保存〉
冷蔵3日
冷凍14日

材料(作りやすい分量)
大根 … 200g
塩 … 小さじ⅓
Ⓐ 鶏ガラスープの素 … 小さじ1
　ごま油 … 小さじ1
　酢・砂糖 … 各小さじ1
　しょうゆ … 小さじ½
　赤唐辛子(小口切り) … 少々

作り方
①大根は4～5cm長さの棒状に切って塩をもみ込み、10分おいて水けを軽く絞る。
②ポリ袋に①、Ⓐを入れて軽くもむ。空気を抜いて袋の口を閉じ、冷蔵室に10分ほどおく。

野菜チップス

サラダや丼のトッピングにすると、急におしゃれな見た目に♪カリカリ食感もアクセントになります。揚げものを作った日、ついでに作っても。

フライドオニオン

〈保存〉
冷蔵3日

材料(作りやすい分量)
玉ねぎ(縦に薄切り) … ¼個
小麦粉 … 大さじ2
サラダ油 … 大さじ3

作り方
①大きめのバットに玉ねぎを広げて30分ほどおく。
②ポリ袋に①、小麦粉を入れる。空気を入れてふり混ぜ、粉をまぶす。
③フライパンにサラダ油を160℃に熱し、②をきつね色に揚げる。

れんこんチップ

〈保存〉
冷蔵3日

材料(作りやすい分量)
れんこん(2mm幅の半月切り) … 100g
サラダ油 … 大さじ3

作り方
①れんこんは酢水に10分ほどさらし、水けをしっかりふく。
②フライパンにサラダ油を170℃に熱し、①をきつね色に揚げる。

あと片づけがラク

ほったらかし
OK

そのまま
出せる

Part 3

ヘトヘトな日の救世主
ワンポットごはん

家事や仕事で日々忙しくしていると、何品も作る気力が
出ない……という日もありますよね。そんな日は、
鍋ひとつで作れる献立に頼りましょう。簡単サラダや
シメの麺類などをつければ、あれこれ作らなくても
お腹いっぱい。家族も大満足で喜んでくれるはずです。

memi's Recipe
One Pot

memi's Recipe
One Pot

手間なし！
ワンポットごはんの楽しみ方

食卓で映える鍋はテンションアップ！

わが家のワンポットごはんで活躍しているのが、この3つ。使い勝手の良さはもちろん、デザインのかわいさも優秀！ おかずの少なさを感じさせず、ワクワク気分を演出してくれます。

深め鍋

重い土鍋は出し入れや洗うときが大変だけど、ホーローのキャセロールは軽くてラク。「365メソッド」の直径20cmのものはデザインもかわいく、料理中のテンションが上がります。

こんな料理におすすめ
- シチュー ● カレー
- 洋風煮込み ● おでん ● 和風鍋

ホットプレート

キッチンに立たずに作れるホットプレート。具材を用意すれば家族も手伝いやすいので、かなりラクできちゃいます。おしゃれな「ブルーノ」はパーティにも出せるデザイン。

こんな料理におすすめ
- ドリア ● チーズフォンデュ
- お好み焼き ● ビビンパ

浅め鍋

汁けや具材が少ないメニューのときは、高さ7cmの浅め鍋が大活躍。わが家ではこの「センサータ」の出番が多く、シンプルな白と高級感ある黒の2つを活用しています。

こんな料理におすすめ
- 蒸し鍋 ● すき焼き ● アクアパッツア

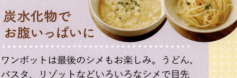

鍋はシメも楽しみ！

炭水化物でお腹いっぱいに

ワンポットは最後のシメもお楽しみ。うどん、パスタ、リゾットなどいろいろなシメで目先を変えると食べ飽きません。何よりも、これがあるだけで満腹感が段違い！

memi's Recipe
One Pot
ワンポット
ごはん
【1人分】
¥173

ミートボール
煮込み献立

肉だんごがたくさん入った大満足献立。
見た目も華やかなのでパーティごはんにも
おすすめ。煮込み時間も10分。
大きめのフライパンでも作れます♪
トマト缶はポイ活で0円！

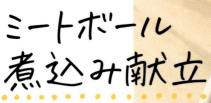
サラダ

ロールパン

具だくさん ミートボール煮込み

具だくさん ミートボール煮込み

材料(3人分)
合いびき肉 … 250g
玉ねぎ(半分はみじん切り、残りはくし形切り) … 1個
Ⓐ パン粉・牛乳 … 各大さじ4
　 マヨネーズ … 大さじ1
　 ナツメグ・塩 … 各小さじ¼
じゃがいも(1cm幅の半月切りにし、水にさらす) … 2個(200g)
なす(乱切り) … 1本(100g)
冷凍ブロッコリー … 100g
Ⓑ カットトマト缶 … 1缶(400g)
　 水 … 1カップ
　 トマトケチャップ … 大さじ2
　 顆粒コンソメ … 大さじ1
　 しょうゆ・みりん … 各大さじ½
　 砂糖 … 小さじ2
　 おろしにんにく … 小さじ½
バター … 15g
サラダ油 … 小さじ2

作り方
❶みじん切りした玉ねぎ、水けをきったじゃがいもをそれぞれ別の耐熱ボウルに入れ、ふんわりラップをかける。玉ねぎは2分、じゃがいもは3分、別々に電子レンジにかけ、じゃがいもはざるにあげる。
❷ボウルにひき肉、❶の玉ねぎ、Ⓐを入れてよく練り混ぜる。15等分にして丸める。
❸深鍋にサラダ油小さじ1を熱し、❷を並べる。焼き色がついたら上下を返し、ふたをして3〜4分蒸し焼きにしていったん取り出す。
❹鍋の汚れを軽くふいてサラダ油小さじ1を熱し、くし形に切った玉ねぎ、なす、❶のじゃがいもを炒める。油が回ったらⒷを加えて強火にし、ひと煮立ちしたら❸を戻し入れる。弱めの中火にしてときどき混ぜながら10分ほど煮込み、凍ったままのブロッコリー、バターを加えてふたをし、弱火で3分煮る。

memi's column
洗いものが減る！ 牛乳パックまな板

飲み終えた牛乳パックは洗って切り開き、使い捨てまな板にすると洗いものが減ってラク。肉や魚用のまな板にしたり、粉ふりのバットがわりにしたり、お弁当のおかず置きなどさまざまに使っています。

memi's Recipe
One Pot
ワンポット
ごはん
【1人分】
¥233

豚肉と白菜の重ね蒸し献立

鍋って具材がたくさん必要なイメージがありますが、これは2つだけ。
白菜と肉を重ねて切って、鍋に詰めればほぼ完成。これ一品で大満足♪

豚肉と白菜の重ね蒸し

材料（3人分）
豚バラ薄切り肉 … 350g
白菜 … ¼個（600g）
Ⓐ 水 … 4カップ
　鶏ガラスープの素 … 大さじ2
　白だし・酒 … 各大さじ3
　おろししょうが … 小さじ1
長ねぎ（白髪ねぎにする）… ¼本
細ねぎ（小口ねぎ）… 適量

作り方
❶白菜は芯を切り落とし、1枚ずつはがす。白菜、豚肉、白菜、豚肉、白菜の順にはさんだものを3〜4個作って5cm幅に切る。
❷鍋のふちに沿って❶の切り口を上にして並べ、全体に敷き詰める。混ぜ合わせたⒶを全体に回しかけて強火にかけ、ひと煮立ちしたらふたをし、弱めの中火にして15分煮る。
❸白菜がしんなりしたら細ねぎ、白髪ねぎをのせ、好みで糸唐辛子を飾る。

シメは
うどん！

残った煮汁を火にかけ、煮立ったら**ゆでうどん2袋**を加えて2〜3分煮る。

memi's Recipe
One Pot
ワンポットごはん

1人分
¥134

残り野菜の焼きカレードリア献立

キッチンに立ちたくない日はホットプレート！ このメニューは普通のカレーに飽きたときにもいいし、とにかく安上がり。月末にもおすすめ。

残り野菜の焼きカレードリア

材料（3人分）
合いびき肉 … 100g
玉ねぎ（みじん切り） … ¼個
にんじん（みじん切り） … ⅓本
ピーマン（みじん切り） … 2個
塩・こしょう … 各少々
ご飯 … 300g
Ⓐ トマトケチャップ … 大さじ1
　ウスターソース … 大さじ½
　おろしにんにく … 小さじ⅓
Ⓑ カレールウ（粗く刻む） … 60g
　水 … 1と½カップ
卵 … 3個
ピザ用チーズ … 適量
サラダ油 … 小さじ1

作り方
❶ホットプレートを中温にしてサラダ油を熱し、玉ねぎ、にんじん、ピーマンを炒める。しんなりしたらひき肉を加えて塩、こしょうをふり、炒め合わせる。肉の色が変わったらⒶ、ご飯を加えて炒め合わせる。
❷Ⓑを加え、カレールウが溶けるまで混ぜながら煮る。ルウが溶けたら卵を割り入れてピザ用チーズをのせ、ふたをして3分ほど蒸し焼きにする。好みで粗びき黒こしょう、パセリをふる。

memi's Recipe
One Pot
ワンポットごはん

1人分 ¥184

甘辛チキン
豚こまチヂミ

甘辛チキンとチヂミのチーズディップ献立

がっつり食べたいときは、チヂミとチキンの2本立てメニュー。
チヂミはキッチンばさみで切り分けると食べやすくてラクチン。

甘辛チキン●材料（3人分）
鶏もも肉（ひと口大に切る）
　… 小1枚（250g）
Ⓐ 甜麺醤 … 大さじ1
　コチュジャン … 小さじ1
　砂糖 … 小さじ½
　おろしにんにく … 小さじ½
　おろししょうが … 小さじ½
　塩 … 小さじ¼
キャベツ（ひと口大に切る）… 150g
玉ねぎ（薄切り）… ½個
ピザ用チーズ … 150g
サラダ油 … 小さじ2

豚こまチヂミ●材料（3人分）
豚こま切れ肉 … 80g
Ⓑ 小麦粉・片栗粉 … 各大さじ4
　マヨネーズ … 大さじ1
　水 … 大さじ5
　鶏ガラスープの素 … 小さじ1
玉ねぎ（薄切り）… ¼個
にんじん（細切り）… ⅓本（50g）
にら（5㎝長さに切る）… 70g
サラダ油 … 小さじ1
チヂミのたれ
Ⓒ ごま油 … 大さじ1
　ポン酢しょうゆ … 大さじ2
　一味唐辛子 … 少々

作り方
❶ 甘辛チキンの鶏肉は、Ⓐをもみ込む。
❷ ボウルにチヂミのⒷを入れてよく混ぜ、豚肉、玉ねぎ、にんじん、にらを加えて混ぜる。
❸ ホットプレートを中温にしてサラダ油小さじ2を熱し、全体にキャベツ、玉ねぎを平らに広げる。❶をのせて軽く炒め合わせる。野菜がしんなりしたら右側に寄せ、汚れを軽くふいてサラダ油小さじ1を熱し、左側に❷を入れて平らに広げる。ふたをして5分ほど蒸し焼きにする。
❹ チヂミを裏返し、甘辛チキンは全体を混ぜ、好みで小口切りにした細ねぎをのせる。
❺ プレートの真ん中にピザ用チーズを入れたらふたをして2〜3分温めて溶かし、チキンをからめながら食べる。チヂミはキッチンばさみで食べやすく切り、混ぜ合わせたⒸを添える。

memi's Recipe
One Pot
ワンポット
ごはん
[1人分]
¥218

たらと野菜のアクアパッツァ献立

高い切り身は、見切り品のれんこんなどたっぷりの野菜と煮て具だくさんに。魚のうまみが溶けたシメのパスタもごちそう!

たらと野菜のアクアパッツァ

材料(3人分)
たら(皮なし) … 2切れ(200g)
れんこん(5mm幅の半月切り) … 100g
玉ねぎ(くし形切り) … ½個
トマト(8等分に切る) … 1個
冷凍ブロッコリー … 6個(90g)
塩・こしょう … 各少々
にんにく(みじん切り) … 1片
赤唐辛子(小口切り) … 少々
酒 … 大さじ3
Ⓐ 水 … 1と½カップ
　 顆粒コンソメ … 小さじ1
　 塩 … 小さじ⅓
レモン(半月切り) … ⅓個
粗びき黒こしょう … 少々
オリーブ油 … 大さじ2

作り方
❶たらは塩、こしょうをふる。れんこんは水にさらして水けをきる。
❷鍋にオリーブ油大さじ1、にんにく、赤唐辛子を入れて火にかけ、香りが出てきたられんこん、玉ねぎを加えて炒める。玉ねぎが半透明になったらいったん具材を取り出す。
❸❷の鍋にオリーブ油大さじ1を熱し、たらを皮目から焼く。両面に焼き色がついたら酒をふり、❷を戻し入れる。Ⓐを加えて強火にし、ひと煮立ちしたら弱めの中火にし、ふたをして5分煮る。
❹凍ったままのブロッコリー、トマトを加えて5分煮る。仕上げにレモンをのせ、粗びき黒こしょうをふる。

シメはコレ!

スパゲティ100gは袋の表示通りにゆで、水けをきって残った煮汁に加える。**塩、こしょう少々**で味をととのえる。器に盛り、好みで**パセリ**をふる。

memi's Recipe
One Pot
ワンポットごはん
【1人分】
¥187

チキンとじゃがいものクリーム煮献立

寒い季節に食べたくなる、あったかクリームシチュー。少し食べ残したら、ゆでたマカロニをあえるとおいしい一品に♪

チキンとじゃがいものクリーム煮

材料（3人分）
鶏もも肉（ひと口大に切る）… 小1枚(250g)
じゃがいも
　（1cm幅の半月切りにし、水にさらす）… 3個(300g)
にんにく（薄切り）… 1片
塩・こしょう … 各少々
玉ねぎ（くし形切り）… ½個
まいたけ（手で割く）… 1パック
しめじ（小房に分ける）… 1パック
バター … 20g
小麦粉 … 大さじ2
牛乳 … 2カップ
Ⓐ 水 … ½カップ
　 顆粒コンソメ … 小さじ2
　 オイスターソース … 小さじ1
サラダ油 … 小さじ4

作り方
❶ にんにくチップを作る。鍋にサラダ油小さじ2、にんにくを入れて弱火にかけ、にんにくがきつね色になったら取り出す。
❷ じゃがいもは耐熱ボウルに入れてふんわりラップをかけ、電子レンジで3分加熱してざるにあげる。
❸ 鶏肉は塩、こしょうをふる。❶の鍋に皮目から入れて焼き、全体に焼き色がついたらいったん取り出す。
❹ 鍋の汚れをふいてサラダ油小さじ2を熱し、玉ねぎ、まいたけ、しめじを炒める。しんなりしたらバターを溶かし、弱火にする。全体に小麦粉をふって軽く炒め、牛乳を少しずつ加えてとろみがつくまで混ぜる。
❺ Ⓐを加えて中火にし、ひと煮立ちしたら❷と❸を戻し入れる。ときどき混ぜながら弱めの中火で7～8分煮る。❶をのせ、好みでパセリをふる。

memi's Recipe
One Pot
ワンポットごはん
【1人分】
¥188

鶏肉、ソーセージと野菜のごまみそ豆乳鍋献立

週末は冷蔵庫整理も兼ねて、余った野菜でコクうま豆乳鍋♪
家にある調味料と豆乳で鍋だしが作れるので、材料費も格安です。

鶏肉、ソーセージと野菜のごまみそ豆乳鍋

材料（3人分）
- 鶏もも肉（ひと口大に切る）… 2/3枚（200g）
- ソーセージ（切り目を入れる）… 6本
- 白菜（1cm幅に切る）… 200g
- にんじん（ピーラーでむく）… 2/3本（100g）
- しめじ（小房に分ける）… 1パック
- もやし … 150g
- 小松菜（5cm長さに切る）… 1/2わ（100g）
- 塩・こしょう … 各少々
- Ⓐ 豆乳 … 1と1/2カップ
-    水 … 1カップ
-    鶏ガラスープの素 … 大さじ1と1/2
-    白すりごま … 大さじ2
-    砂糖 … 大さじ1/2
-    しょうゆ・みりん・酒 … 各大さじ1
- ごま油 … 大さじ1　サラダ油 … 小さじ1/2

作り方
❶ 鍋にサラダ油を熱し、鶏肉に塩、こしょうをふって皮目から焼く。全体に焼き色がついたらⒶを加え、ひと煮立ちしたら白菜、にんじん、しめじ、ソーセージを入れて5分ほど煮る。
❷ もやし、小松菜を加えて3〜4分煮る。ごま油を回しかけ、好みで白いりごまをふる。

シメはリゾット！

残った煮汁1カップに冷ご飯200gを加えて火にかけ、ひと煮立ちしたら**粉チーズ大さじ2**を加えて混ぜる。塩少々で味をととのえる。器に盛り、**粗びき黒こしょう**少々、好みで**パセリ**をふる。

memi's Recipe
One Pot
ワンポットごはん

1人分
¥247

節約すきやき献立

今月はちょっと食費が余った♪ そんなときにぴったりのごちそう鍋。
しらたき、麩などの安食材で満足感いっぱい。豚バラ肉でもおいしい！

節約すきやき

材料（3人分）
- 牛こま切れ … 200g
- Ⓐ 水 … 2カップ
  - 和風顆粒だしの素 … 小さじ¼
  - しょうゆ・みりん・酒 … 各½カップ
  - 砂糖 … 大さじ4
- 白菜（3cm幅に切る）… 2枚（200g）
- 長ねぎ（斜め切り）… ½本
- 玉ねぎ（繊維を断つように1cm幅の半月切り）… 1個
- しいたけ（かさに切れ目を入れる）… 3個
- 木綿豆腐（6等分に切る）… 150g
- 糸こんにゃく（熱湯で下ゆでする）… 100g
- 麩 … 適量
- 卵 … 3個

作り方
❶ 鍋にⒶを入れて火にかけ、ひと煮立ちしたら牛肉を加える。肉の色が変わったら、いったん取り出す。
❷ 卵以外の残りの具材をすべて加える。ふたをして10分ほど煮たら❶を戻し入れる。溶き卵をつけながらいただく。

シメはうどん！
残った煮汁にゆでうどん2玉を入れて火にかけ、ひと煮立ちさせる。器に盛り、小口切りにした細ねぎ、一味唐辛子各少々をふる。

Part 4

安くてお腹いっぱい！
ワンボウルごはん

手間もお金もかけずにお腹いっぱいにするなら、
ご飯献立が最強！　気分によって和風、洋風、
エスニックまでいろいろな味が楽しめて、ランチにも
ぴったり。簡単なサラダや汁ものをつけて品数を
増やすと、ボリューム満点のワンボウル定食に。

memi's Recipe
One Bowl

簡単に
作れる

少ない
品数で満足

洗いものが
少ない

memi's Recipe
One Bowl

ひと工夫でさらに満足!
豪華に見せる盛りつけ方

お皿選び

ボウル型は万能!
18cm
6cm

浅めの皿も盛りやすい

具材が多く見える口の広いお皿がおすすめ

見た目もおしゃれで食欲をそそるカフェ丼は、カレーライスを盛るような大きめの器がおすすめ。ご飯も具材も、広げてたっぷり見せることでごちそう感が出てきます。

節約盛りつけワザ

"キャベせん敷き"でかさ増し

ご飯とおかずの間にキャベツのせん切りを敷くと、かさが出ておかずが山盛りに見える効果が。キャベツが高いときはちぎったレタスに変えてもOK。

肉は見えるところにのせる

ボリューム感を出すコツは、ご飯を隠すように具材を広げて盛ること。P108のタコライスなら、目玉焼きで隠れる部分はひき肉をのせず、外側に広げるとたっぷりあるように見えます。

ご飯は山に盛る

ご飯は真ん中を軽く山にして立体的に盛るとおいしそうに見えます。ボリュームも出るので、実際以上に多く見える効果が!視覚マジックも大いに利用して。

memi's Recipe
One Bowl
ワンボウル
ごはん
【1人分】
¥199

豚肉と厚揚げのルーローハン献立

台湾の人気メニューを手軽に再現！パンチの効いた甘辛味に、かさ増しの厚揚げを加えて大満足な丼に。風味づけの五香粉はなくてもおいしく作れます。

豚肉と厚揚げのルーローハン

材料（3人分）
豚肩ロース厚切り肉（2cm角に切る）… 250g
厚揚げ … 1と½枚(200g)
片栗粉 … 大さじ2
Ⓐ マヨネーズ … 大さじ1
　しょうゆ … 小さじ1
小松菜 … ⅓わ
Ⓑ オイスターソース … 大さじ½
　しょうゆ・酒 … 各大さじ1
　砂糖 … 大さじ½
　水 … ¼カップ
　五香粉（あれば）… 小さじ¼
　おろしにんにく・おろししょうが … 各小さじ⅓
温かいご飯 … 適量
ゆで卵（半熟にゆでて半分に切る）… 3個
サラダ油 … 大さじ1と½

作り方
❶ 厚揚げは熱湯をかけ、水けをふいて3等分に切り分け、1cm幅に切る。ポリ袋に入れ、片栗粉大さじ1を加えてふり混ぜ、全体にまぶす。
❷ 豚肉はⒶをもみ込み、10分ほどおいて片栗粉大さじ1をまぶす。小松菜はゆでて水けを絞り、5cm長さに切る。
❸ フライパンにサラダ油大さじ1を熱し、❶を焼く。焼き色がついたらいったん取り出す。サラダ油大さじ½を足し、❷の豚肉を焼く。火が通ったらフライパンの汚れをふいて厚揚げを戻し入れ、混ぜ合わせたⒷを加えてたれにとろみがつくまでからめる。
❹ 器にご飯を盛り、⅓量ずつ❸、小松菜、ゆで卵をのせる。好みで白髪ねぎをのせ、糸唐辛子を飾る。

即席わかめスープ

材料（3人分）
乾燥わかめ … 大さじ1
Ⓐ 水 … 2カップ
　しょうゆ・酒 … 各小さじ1
　鶏ガラスープの素 … 小さじ2
白いりごま … 少々

作り方
❶ 鍋に乾燥わかめ、Ⓐを入れて火にかけ、煮立ったら弱火にし、1分ほど煮て白いりごまをふる。

memi's column
彩りに
糸唐辛子が活躍！

業スーでも買える糸唐辛子は、彩りが寂しいときに役立つ飾り食材。少し添えるだけで見栄えがアップし、ごちそう感がでるのでおすすめです。辛味はほとんどなく、子どもも食べられるのもポイント。

即席わかめスープ

豚肉と厚揚げのルーローハン

memi's Recipe
One Bowl
ワンボウル
ごはん
《1人分》
¥194

タコライス献立

外食気分満点の定番カフェ丼は、
おもてなしにもおすすめです。
食べるときは目玉焼きを崩し、
肉と野菜をしっかり混ぜて召し上がれ。

ボリューム満点タコライス

即席コンソメスープ

ボリューム満点タコライス

材料(3人分)
合いびき肉 … 200g
玉ねぎ(みじん切り) … ½個
Ⓐ トマトケチャップ … 大さじ1と½
　ウスターソース … 大さじ1
　しょうゆ … 小さじ1
　顆粒コンソメ・カレー粉 … 各小さじ⅓
　おろしにんにく … 小さじ⅓
　砂糖 … 小さじ½
温かいご飯 … 適量
リーフレタス(1cm幅に切る) … 適量
卵(目玉焼きにする) … 3個
トマト(角切り) … 1個
アボカド(角切り) … 1個
マヨネーズ・粗びき黒こしょう … 各少々
サラダ油 … 小さじ1

作り方
❶ フライパンにサラダ油を熱し、玉ねぎを炒める。透き通ってきたらひき肉を加えて炒め合わせる。Ⓐを加え、全体になじませる。
❷ 器にご飯を盛り、⅓量ずつリーフレタス、❶、目玉焼きを順にのせ、トマト、アボカドを添える。マヨネーズをかけ、粗びき黒こしょうをふる。

即席コンソメスープ

材料(3人分)
貝割れ菜(根元を切り、半分に切る) … 1パック
ベーコン(1cm幅に切る) … 2枚
Ⓐ 水 … 2カップ
　顆粒コンソメ … 小さじ2
　しょうゆ・みりん … 各小さじ1

作り方
❶ 鍋にⒶ、ベーコンを入れて火にかけ、煮立ったら貝割れ菜を加えて1分ほど煮る。

---

memi's column
朝食はパンよりご飯が安い!
以前の朝食は惣菜パンが定番でしたが、子どもの成長を機にご飯メニューの日も加えることに。すると、ご飯のほうが圧倒的に節約になることを発見!米はポイントで購入するとオトクです。

memi's Recipe
One Bowl
ワンボウル ごはん
【1人分】
¥143

作り方P91
作りおき●フライドオニオン＋サラダ

デミたまチキン丼

デミたまチキン丼献立

とろとろ卵に簡単デミソースをかけた格安丼は、みんなが好きな洋食屋さんの味。下にキャベツを敷いてボリュームを出します。

デミたまチキン丼

材料（3人分）
鶏もも肉（3等分に切る）… 大1枚（350g）
塩・こしょう・小麦粉 … 各少々
Ⓐ 卵（溶きほぐす）… 3個
　マヨネーズ … 小さじ2
　牛乳 … 大さじ2
Ⓑ トマトケチャップ … 大さじ3
　中濃ソース … 大さじ1と½
　水 … 大さじ2
　砂糖 … 小さじ1
　おろしにんにく … 小さじ½
　バター … 10g
温かいご飯 … 適量
キャベツ（せん切り）… 120g
サラダ油 … 小さじ2

作り方
❶鶏肉は皮目をフォークで数か所刺し、裏側は厚みのある部分を開いて3cm間隔で切り目を入れる。塩、こしょう、小麦粉をまぶす。
❷フライパンにサラダ油小さじ1を熱し、❶を皮目から焼く。焼き色がついたら上下を返してふたをし、弱火で3〜4分蒸し焼きにする。余分な脂をふき、Ⓑを加えて煮からめる。
❸別のフライパンにサラダ油小さじ1を熱し、Ⓐを流し入れる。箸で混ぜて半熟状に火を通す。
❹器にご飯を盛り、⅓量ずつキャベツ、❸、食べやすく切った❷をのせる。フライパンに残ったソースをかけ、好みでパセリをふる。

ひき肉あんかけの卵とじ丼献立

切るのは長ねぎとサラダのブロッコリーくらい。
ほとんど包丁いらずでとってもラク。紅しょうがいいアクセントに。

ひき肉あんかけの卵とじ丼

材料（3人分）
豚ひき肉 … 150g
長ねぎ（斜め薄切り）… 2/3本
Ⓐ 水 … 1カップ
　めんつゆ（2倍濃縮）… 大さじ2
　しょうゆ・砂糖 … 各小さじ2
　酒・みりん … 各小さじ2
　和風顆粒だしの素 … 小さじ1/3
片栗粉（同量の水で溶く）… 小さじ1
卵（溶きほぐす）… 2個
温かいご飯 … 適量
細ねぎ（小口切り）… 適量
紅しょうが … 適量
サラダ油 … 小さじ1/2

作り方
❶ フライパンにサラダ油を熱し、ひき肉を炒める。肉の色が変わったら長ねぎを加えて炒め合わせる。
❷ 長ねぎがしんなりしたらⒶを加え、ひと煮立ちしたらあくを除く。弱火にし、水溶き片栗粉を加えてとろみがついたら強火にし、溶き卵を回し入れる。卵が好みの固さになるまで30秒〜1分ほどおき、火を止める。
❸ 器にご飯を盛り、1/3量ずつ❷をかける。細ねぎ、紅しょうがをのせる。

ブロッコリーのツナサラダ

材料（3人分）
ブロッコリー（小房に分ける）
　… 1/2個（150g）
Ⓐ ツナ缶（軽く油をきる）… 1/2缶（35g）
　マヨネーズ … 大さじ1と1/2
　めんつゆ（2倍濃縮）… 小さじ2
　砂糖 … 1つまみ

作り方
❶ ブロッコリーは塩ゆでにして水けをきり、Ⓐであえる。

memi's Recipe
One Bowl
ワンボウル
ごはん
【1人分】
¥172

豚バラねぎ塩丼

即席ごま豆腐スープ

豚バラねぎ塩丼献立

炒め合わせるだけですぐ完成！ スープも豆腐を切って煮るだけ。
どんなに疲れていても作れる、困ったときのお助け丼です。

豚バラねぎ塩丼

材料（3人分）
豚バラ薄切り肉（7～8cm長さに切る）
　… 250g
長ねぎ（斜め薄切り）… 2/3本
Ⓐ 鶏ガラスープの素 … 小さじ2と1/2
　 酒・水 … 各大さじ2
　 レモン汁 … 小さじ1
　 おろしにんにく … 小さじ1/2
　 砂糖 … 小さじ1/2
温かいご飯 … 適量
細ねぎ（小口切り）… 適量
サラダ油 … 小さじ1/2

作り方
❶ フライパンにサラダ油を熱し、豚肉を炒める。肉の色が変わったら長ねぎを加えて炒め合わせる。
❷ 長ねぎがしんなりしたら、混ぜ合わせたⒶを加えて調味する。
❸ 器にご飯を盛り、1/3量ずつ❷をのせて細ねぎを散らす。好みで糸唐辛子を飾る。

即席ごま豆腐スープ

材料（3人分）
絹ごし豆腐（2cm角に切る）… 150g
Ⓐ 水 … 2カップ
　 鶏ガラスープの素 … 小さじ2
　 コチュジャン … 小さじ1/2
　 しょうゆ・酒 … 各小さじ1
　 白すりごま … 大さじ2

作り方
❶ 鍋に豆腐、Ⓐを入れて火にかけ、煮立ったら弱火にして1分ほど煮る。

鶏胸肉とピーマンの甘辛コロコロ丼献立

パサつきやすい胸肉は、下味にマヨネーズを入れてしっかりもみ込むと、しっとりジューシー。副菜はミニトマトの代わりに普通のトマトでもOK。

鶏胸肉とピーマンの甘辛コロコロ丼

材料（3人分）
鶏胸肉（2cm角に切る）… 1枚（300g）
ピーマン（2cm角に切る）… 5個
Ⓐ マヨネーズ … 大さじ1
　しょうゆ・酒 … 各小さじ1
片栗粉 … 大さじ3
Ⓑ しょうゆ・酒・みりん … 各大さじ1
　オイスターソース … 小さじ1
　砂糖 … 小さじ2
　水 … 大さじ2
　おろししょうが … 小さじ1/3
　片栗粉 … 小さじ1/3
温かいご飯 … 適量
サラダ油 … 大さじ1

作り方
❶ 鶏肉はⒶをもみ込み、10分以上おいて片栗粉を混ぜる。
❷ フライパンにサラダ油を熱し、❶を焼く。両面に火が通ったらピーマンを加えて軽く炒める。混ぜ合わせたⒷを加えて強火にし、全体にからめる。
❸ 器にご飯を盛り、1/3量ずつ❷をのせて、好みで糸唐辛子を飾る。

トマトと貝割れの中華サラダ

材料（3人分）
ミニトマト（半分に切る）… 7〜8個
貝割れ菜（根元を切る）… 1/2パック
Ⓐ しょうゆ … 小さじ2
　砂糖・酢・白すりごま … 各小さじ1
　ごま油 … 小さじ1/2

作り方
❶ ボウルにⒶを入れて混ぜ合わせ、トマト、貝割れ菜を加えてあえる。

memi's Recipe
One Bowl
ワンボウル
ごはん

【1人分】
¥134

作り方 P91
作りおき●れんこんチップ＋サラダ

和風カレーリゾット

和風カレーリゾット献立

カレーより早く作れて簡単。安くておいしい最強ワンボウルです。
ミニトマトや針しょうがは、あればいいアクセントに。

和風カレーリゾット

材料（3人分）
鶏ひき肉 … 100g
しょうが … 1と1/3かけ
長ねぎ（小口切り）… 1/3本
えのきだけ（2cm幅に切る）… 1/3袋
塩・こしょう … 各少々
Ⓐ 白だし … 大さじ3
　水 … 2カップ
冷やご飯 … 300g
カレールウ（粗く刻む）… 40g
ミニトマト（4等分に切る）… 6個
細ねぎ（小口切り）… 少々
粉チーズ … 少々
サラダ油 … 小さじ1

作り方
❶しょうがは1かけ分をみじん切り、残りをせん切りにする。
❷フライパンにサラダ油を熱し、みじん切りにしたしょうがを炒める。香りが出たらひき肉を加えて炒め、肉の色が変わったら、長ねぎ、えのきを加えて塩、こしょうをふり、野菜がしんなりするまで炒める。
❸❷にⒶを加え、ひと煮立ちしたらあくを除く。ご飯、カレールウを加えて混ぜながらルウを溶かし、水分がなくなるまで3〜4分煮る。
❹1/3量ずつ器に盛り、ミニトマト、せん切りにしたしょうが、細ねぎをのせて粉チーズをふる。

memi's Recipe
One Bowl
ワンボウル
ごはん
【1人分】
¥156

ピリ辛チキン丼

アボカド冷ややっこ

ピリ辛チキン丼献立

韓国風ごはんが食べたくなったらお試しを♪ 甘辛だれが食欲をそそります。豆腐にのせるアボカドは、食べごろを逃したくらいが◎。

ピリ辛チキン丼

材料（3人分）
鶏もも肉 … 大1枚（380g）
塩・こしょう … 各少々
片栗粉 … 大さじ2
Ⓐ トマトケチャップ … 大さじ1と1/2
　 みりん・水 … 各大さじ1と1/2
　 オイスターソース … 小さじ1
　 しょうゆ・コチュジャン … 各小さじ1
　 砂糖 … 小さじ2
　 鶏ガラスープの素 … 小さじ1/3
　 おろしにんにく … 小さじ1/3
温かいご飯 … 適量
キャベツ（せん切り） … 100g
貝割れ菜（根元を切り落とす） … 1/2パック
長ねぎ（白髪ねぎにする） … 1/4本
ごま油 … 大さじ1

作り方
❶鶏肉はひと口大に切って塩、こしょうをふり、片栗粉をまぶす。
❷フライパンにごま油を熱し、❶を焼く、両面に焼き色がついて中まで火が通ったら、混ぜ合わせたⒶを加えてからめる。
❸器にご飯を盛り、1/3量ずつキャベツ、貝割れ菜、❷、白髪ねぎを順にのせる。好みで白いりごまをふる。

アボカド冷ややっこ

材料（3人分）
アボカド（細かく刻む） … 1/2個
絹ごし豆腐（ひと口大に切る） … 150g
Ⓐ めんつゆ（2倍濃縮） … 大さじ1
　 ごま油 … 小さじ1
　 わさび … 少々
もみのり … 適量

作り方
❶器に豆腐を盛り、アボカド、混ぜ合わせたⒶをかけてもみのりをのせる。

memi's Recipe
One Bowl
ワンボウル
ごはん
【1人分】
¥171

節約中華丼

サラダ

節約中華丼献立

週末の冷蔵庫整理でよく作る中華丼。余った中途半端な野菜は、これですっきり消費できます。サラダのキャベツはレタスでもOK。

節約中華丼

材料（3人分）
- 豚バラ薄切り肉（5cm長さに切る）… 180g
- 白菜（そぎ切り）… 200g
- 小松菜（5cm長さに切る）… ½わ（100g）
- にんじん（細切り）… ⅓本
- しいたけ（薄切り）… 2個
- Ⓐ 水 … 1カップ
  - 鶏ガラスープの素 … 大さじ1
  - しょうゆ・酒・砂糖 … 各小さじ2
  - オイスターソース … 大さじ½
  - おろしにんにく・おろししょうが … 各小さじ½
  - 片栗粉 … 大さじ1
- 温かいご飯 … 適量
- ごま油 … 小さじ1
- サラダ油 … 小さじ½

作り方
❶ 深めのフライパンにサラダ油を熱し、豚肉を炒める。肉の色が変わったら白菜、にんじん、小松菜の茎の部分を加えて炒め合わせる。
❷ 野菜がしんなりしたら小松菜の葉、しいたけを加えて炒め合わせ、混ぜ合わせたⒶを加えてとろみがつくまで火を通す。仕上げにごま油を回しかける。
❸ 器にご飯を盛り、⅓量ずつ❷をかける。

memi's Recipe
One Bowl
ワンボウル
ごはん
【1人分】
¥188

えびチリ玉丼

たたききゅうりのうま塩あえ

えびチリ玉丼献立

家で簡単に作れる辛くないチリソースが絶品！
安いバナメイえびは、下処理をしっかりするとぷりぷりな食感に。

えびチリ玉丼

材料（3人分）
バナメイえび … 250g
Ⓐ 酒・片栗粉 … 各大さじ1
　 塩 … 小さじ½
Ⓑ 塩・こしょう … 各少々
　 片栗粉 … 大さじ1
しょうが（みじん切り）… 1かけ
にんにく（みじん切り）… 1片
長ねぎ（みじん切り）… ⅓本
Ⓒ 水 … 1カップ
　 トマトケチャップ … 大さじ2
　 鶏ガラスープの素 … 小さじ1
　 オイスターソース・砂糖
　 　… 各小さじ1
　 しょうゆ・酒 … 各小さじ2
片栗粉（同量の水で溶く）… 小さじ2

卵（溶きほぐす）… 2個
温かいご飯 … 適量
細ねぎ（小口切り）… 少々
ごま油 … 小さじ1　サラダ油 … 適量

作り方
❶えびは殻をむいて背わたをとり、Ⓐをもみ込む。水で洗って水けをふき、Ⓑをふる。
❷フライパンにサラダ油大さじ1を熱し、❶を焼く。両面に焼き色がついたらいったん取り出す。
❸❷のフライパンにごま油を熱し、しょうが、にんにくを炒める。香りが出たら長ねぎを加えて炒める。❷、Ⓒを加えてひと煮立ちしたら弱火にし、水溶き片栗粉を加えてとろみをつける。
❹別のフライパンにサラダ油小さじ1を熱し、溶き卵を流し入れて半熟卵を作る。器にご飯を盛り、⅓量ずつ半熟卵、❸、細ねぎを順にのせる。

たたききゅうりの
うま塩あえ

材料（3人分）
きゅうり（めん棒で軽くたたいて乱切り）
　… 1本
鶏ガラスープの素 … 小さじ½
ごま油 … 小さじ1
塩 … 1つまみ
赤唐辛子（輪切り）… 少々

作り方
❶ポリ袋にすべての材料を入れてもみ込む。空気を抜いて袋の口を閉じ、冷蔵室に5分ほどおく。

みんなの知りたい！に答えます
節約生活 Q&A

参考にしてね！

インスタのDMなどでよくいただく質問をまとめました。
節約生活に悩んだとき、読んでみてくださいね！

家計簿編

カレンダーで35日をチェック！

Q 35日家計簿の始まりと終わりが分からなくなってしまいます

A 締め日と給料日を手帳に書いておくと便利

35日家計簿は締め日が毎月5日ずつずれていくので、手帳に締め日と給料日を書いて把握しています。スタートは、給料日翌週のはじめやすい曜日から。わが家は月曜日はじまり、日曜日締めなので、週末に冷蔵庫整理もかねて食材を使い切り、月曜日に新しい予算で買い物するようにしています。

Q 35日家計簿のボーナス月がよく分からないです

A 締め日の間に、2回給料日が重なるところです

「締め日がきたから締めよう！」「締めたから次のやりくり費をおろしてこよう！」というやり方だと、分からなくなりがち。やりくり費をおろすのは、締め日ではなく給料日です。ここを間違わなければ、給料日が重なる月に必ず1か月分が手元に残ります♪

給料日 → やりくり費を現金で用意。
給料日の翌週からスタート
↓
次の給料日 → やりくり費をおろす。
↓
35日の締め日 → 清算して、余ったら翌月に回したり、お楽しみ費で使う

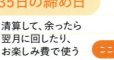
ここがボーナス！

118

Q どんな家計簿を使ってますか

A 100均のシンプルな家計簿です

月日も費目も入っていない、自由記帳タイプのセリアの家計簿を愛用。費目は細かく分けず、食費を含めた4項目をざっくり「やりくり費」としてまとめています（P6参照）。書き方は、週予算とレシートの合計額を使った日の夜に書くだけ。予算オーバーしたら翌週の予算から補填し、その分を減らして翌週スタートします。35日で予算を守れているかをチェックするのがいちばんの目的です。

（家計簿画像の注釈）
- 週予算
- 前週が予算オーバーならその分減らす
- 食費
- やりくり費
- レジャー・日用品・その他

▼memi家の費目分け

収入
- 夫給与（手取り） 約24万円
- 自分（手取り） 約18万円（年平均）
- ポイ活 3〜4万円
- 雑収入（メルカリなど） 不定期

支出

固定費
- 住居費 6万5000円
- 通信費 1万円
- 習い事費 1万円
- 保険料 1万9000円
- 積立貯金 7万6000円
- やりくり費（食費・日用品費・レジャー費・雑費） 5万円

変動費
- 光熱費 2万円

Q 毎月の締めってどうしてますか？

A 家計簿の「年間収支」ページに記入するだけ

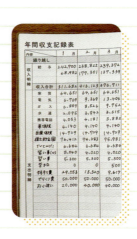

毎月最終日に締め作業は行いますが、収支を合わせるというより、使った金額を把握するために書いています。35日で回しているやりくり費は、家計簿上はひと月分として書き、余ったら「お楽しみ費」として使いきるか翌月にのせるので、やりくり費の繰り越しは書きません。

やりくり編

Q 税金などイレギュラーな支出はどうしてる?

A ボーナス時に先取りしています

年間予算として、夏、冬のボーナスを特別費として振り分けています。わが家では以下を特別費にしていますが、あまり病院にかからないので医療費なども特別費から出しています。

▼ボーナスから先取りしている特別費

- 被服費　　　　夏**5万円**、冬**6万円**
- 美容院費　　　夏冬各**4万円**
- 家具・家事用品　夏冬各**4万円**
- イベント費　　夏**3万円**、冬**5万円**
- 税金（固定資産税、自動車税など）
  　　　　　　　夏**6万円**、冬**7万5000円**
- 特別費（医療費、学校費など）
  　　　　　　　夏冬各**5万円**

※車をあまり使わないため、
ガソリン代は貯めたポイントで充当。

Q いつも赤字になってしまいます

A 予算を見直してみては?

予算設定が厳しすぎるのかもしれません。まずは、これくらいなら頑張れそうという額で設定し、1か月実践して1週間の平均額をだしてみては。家庭ごとにそれぞれ事情もあるので、最初はムリのない予算にして「守れた!」という達成感を味わうことが継続の秘訣です。

Q 自分の収入も生活費に入れてますか?

A 入れて税金や保険などに回しています

夫の収入だけでは厳しいので夫婦合算です。固定費など毎月かかるおもな支出は夫の給料から出し、特別費の不足分や年払いの火災保険などは私の不定期収入から出しています。合算すると収入自体は増えますが、お金が一瞬でなくなる怖さも知っているので収入にかかわらず節約生活は今後も続けるつもりです。

Q まとめ買いをした時はどうしますか?

A 先取りしている特別費で払います

ふだんのやりくりを書く家計簿の後ろのページに費目ごとの明細を記載。クレカで支払い、買ったその日に現金で清算します。週予算同様、特別費も現金で袋分けして残金がつねに分かるようにしています。

Q クレカや電子マネー払いだと使いすぎてしまいます

A 使ったらすぐ現金精算して残額を把握！

使った金額は、その日のうちに週予算(現金)から「カード用財布袋」に移動します。こうすると、使える残金が目で確認できるので、使いすぎにブレーキがかかります。週予算をオーバーしないように「現時点でいくら使ったか」「あといくら使えるか」を把握することが大事！

クレカで払ったらレシートを計算

レシートの合計金額をカード用財布に現金で入れる

金額ぴったり入れるために、両替用の小銭を用意しておくと便利

Q クレジットカードの締め日と毎月の締めは合わないですよね？

A カードの締め日は考えなくてOK

カード用の口座にはある程度の額を入れて、引き落とせないことがないようにしているのでカードの締め日は無視してます(笑)。でも、使いすぎたら足りませんから、カード払いの金額が予算内できっちり抑えられているかどうかは必ずチェックしています。

締めるところ、アバウトでいいところ メリハリが大事

Q 外食していますか？

A 覆面調査のポイントで行ってます

よく利用しているのが、モニターサイトの「ファンくる」。地域によりますが、当選してモニター体験をすると、飲食した金額の半額分ほどがポイント還元される仕組み。このポイントを利用して、月に1～2回ほど外食を楽しんでいます。疲れて節約モチベが下がりそうな月末などは、やる気を出すためにファンくるで外食予定を組み込むことも。

Q おこづかいはありますか

A 夫婦で月2～4万円です

私の収入が月によって変動するので、貯金額を差し引いて手元に多めに残った時は上乗せしたり、夏・冬ボーナス時は1人2万円にしています。ほか、メルカリやポイ活の小銭稼ぎも結構足しになっています。

料理編

Q 野菜をいつも使い残してしまいます

A 半端野菜はみじん切りにして消費！

使い残した野菜を1か所に集めておき、週末の昼食は半端野菜で作れるメニューにして使い切っています。野菜はみじん切りにすれば、どんな野菜でもカレーやチャーハンの具になりますよ。

カレー具材になる野菜
- ごぼう　長いも　里いも
- きのこ　長ねぎ　大根
- なす　ピーマン　れんこん

チャーハン具材になる野菜
- グリーンアスパラ　きのこ
- チンゲン菜　にら
- ピーマン　コーン

Q 節約レパートリーがなかなか増えません

A 食材別レシピメモがおすすめ

私も節約を始めた頃はレパートリーがなく、図書館でレシピ本を借りたり、ネットでレシピを検索して、安食材で作れそうなレシピを片っ端からメモしました。食材別レシピをまとめておくと、手元の食材から献立を組み立てられるようになるのでぜひやってみて！

Q レシピ通りに作ると予算オーバーします

A 臨機応変に安い食材でアレンジして

必要な食材が高い場合、そのとき買える安い食材に置き換えましょう。この本の献立ページのアドバイス欄でも食材変更について紹介しているので、まずは家にある食材をチェック。P124のインデックスでも食材から検索できます。

キャベツや大根のせん切り、水菜でも

具材は乾燥わかめや麩でも

冷凍のコーンやオクラ、さやいんげんでも

家に余っている野菜や冷凍のコーン、里いもなどでも

モチベ編

Q 家計簿がどうしても続かないです

A 「ワクワク」をたくさん用意して！

いつ、どこで家計簿をつけるかを決めて、生活の一部に組み込むのも手。私はお金を使った日の夜と決めています。モチベーションを維持するには、「ワクワクする、気分が上がる、笑顔になれる」ことが大事。お気に入りの家計簿グッズだったり、節約の目標だったり、自分が盛り上がる仕掛けで習慣づけてみて。

家計簿グッズを自分好みで揃える
お気に入りのケースにまとめ、サッと取り出せてパパッと書ける環境を整える。

家計簿を書く理由を明確にする
子どもの夢のため、旅行のためなど、なんのために節約を頑張るかしっかりと考える。

ごほうびを用意する
○日に○○に行くなど、目標達成したときのごほうびを先に決める。挫折しそうなときは、ごほうびを想像して前向きな気持ちを持つ。

Q しんどいとき、どう乗り越えてますか？

A 前向きになれる言葉を読みます

私の場合、節約生活がつらいときは私生活で悩みごとがあるときなので、まずは悩みの解消につとめます。気持ちを切り替えるのに役立っているのが、「自分自身を鼓舞する言葉集」。好きなバンドの歌詞や、ふと聞いたいい言葉などをノートに書き記し、しんどいときに見返してパワーをもらっています。

Q 物欲が爆発しませんか？

A そのためにメルカリでへそくりしてます

メルカリは、ポイ活と並ぶおこづかい稼ぎ。低価格でもこまめに出品し、売り上げをへそくりとして貯めています。物欲が爆発したら、メルペイで購入して家計に影響が出ないようにストレス解消！

memi流 メルカリの心得

いつか使うかな？　は、ほぼ使わないと分かったので、なくてもいいと思ったものは即出品。

いらないものを集めてまとめて出品より、2〜3日ペースでこまめに出品してサッと売り切ります。

売れないときは即値下げ。「微々たる額でもこれで卵買えるな！」と考えてます（笑）。

memiのやる気が出る魔法の言葉

- 日々の生活のなかにある幸せ、感謝を見つける
- 自分で楽しいものを見つけられる人になる
- 毎日をていねいに、やさしく生きる

在庫食材から探せる素材別インデックス

肉

鶏肉

甘辛ペッパーチキン ……………………… 15
チキンのトマトクリームグラタン ……… 19
チキンステーキ 半熟卵添え …………… 25
とろ〜りチーズのベーコンチキンカツ… 29
サクサク クリスピーチキン …………… 35
鶏皮とごぼうのきんぴら ……………… 35
鶏肉の竜田揚げ 野菜添え …………… 47
ガーリックトマトチキン ……………… 59
鶏胸肉とれんこんのにんにく甘酢炒め… 63
塩だれチキンステーキ ………………… 67
鶏肉と里いもの煮もの ………………… 77
鶏胸肉のごまみそカツ ………………… 81
鶏手羽と卵のカレー煮込み …………… 89
甘辛チキン ……………………………… 99
チキンとじゃがいものクリーム煮 …… 101
鶏肉、ソーセージと
　　野菜のごまみそ豆乳鍋 …………… 102
デミたまチキン丼 ……………………… 110
鶏胸肉とピーマンの甘辛コロコロ丼 … 113
ピリ辛チキン丼 ………………………… 115

豚肉

アスパラ豚巻きカツ …………………… 17
ゴロゴロ豚とアスパラのガリバタ炒め… 27
豚肉とチンゲン菜の中華卵炒め ……… 37
厚揚げ豚巻きの甘辛ねぎだれ ………… 41
豚こまボールとエリンギの塩レモン炒め… 49
豚肉と根菜の和風スープ ……………… 51
豚と玉ねぎのしょうが焼き …………… 57
豚こまだんごの酢豚 …………………… 71
豚こま天 ………………………………… 75
豚バラと小松菜の煮もの
　　ゆずごしょう風味 ………………… 83
豚肉と白菜の重ね蒸し ………………… 96
豚こまチヂミ …………………………… 99
豚肉と厚揚げのルーローハン ………… 106
豚バラねぎ塩丼 ………………………… 112
節約中華丼 ……………………………… 116

牛肉

牛肉の糸こんチャプチェ ……………… 31
チンジャオロースー …………………… 85
節約すきやき …………………………… 103

ひき肉

ふわふわ梅大葉つくね ………………… 21
麻婆なす ………………………………… 39
てりやき豆腐ハンバーグ グリル野菜添え… 45
かにかま豆腐しゅうまい ……………… 61
煮込みチーズハンバーグ ……………… 69
ひき肉とたっぷり野菜のオムレツ …… 73
揚げ出し豆腐そぼろあんかけ ………… 79
ロールキャベツ ………………………… 87
具だくさん ミートボール煮込み …… 95
残り野菜の焼きカレードリア ………… 98
ボリューム満点タコライス …………… 109
ひき肉あんかけの卵とじ丼 …………… 111
和風カレーリゾット …………………… 114

ハム・ベーコン・ソーセージ

レンチン玉ねぎベーコン ……………… 23
長いものハムマヨサラダ ……………… 25
野菜たっぷりトマトスープ …………… 27
とろ〜りチーズのベーコンチキンカツ… 29
じゃがソーセージのスコップコロッケ… 33
ソーセージとじゃがいものミルクスープ… 43
小松菜ベーコンあえ …………………… 59
ハムときゅうりのサラスパ …………… 69
もやしときゅうりの甘酢あえ ………… 79
ロールキャベツ ………………………… 87
鶏肉、ソーセージと
　　野菜のごまみそ豆乳鍋 …………… 102
即席コンソメスープ …………………… 109

魚

えび

えびチリ玉丼 …………………………… 117

鮭・さば・たら（白身魚）

白身魚とブロッコリーのフリッター … 23
さばのごま甘酢だれ …………………… 53
さばとじゃがいものフライ …………… 65
たらと野菜のアクアパッツァ ………… 100

しらす

しらすのちりめん山椒風 ……… 40,80,91

魚介加工品

かに風味かまぼこ

かにかまチャウダー …………………… 17
ほうれん草とかにかまの塩昆布あえ … 21
かにかまきゅうりの酢のもの ………… 35
春雨ときゅうりの酢のもの …………… 45
きゅうりとかにかまの和風マヨ ……… 57

かにかま豆腐しゅうまい ……………… 61
小松菜とかにかまのみそ汁…………… 81
豆腐のかにかまあんかけ ……………… 85

ちくわ

紅しょうがのはんぺんだんご ………… 31
カレーちくわ天 ………………………… 33
納豆とちくわの磯辺揚げ ……………… 51
小松菜とちくわの塩昆布あえ ………… 73
ちくわとキャベツの紅しょうがかき揚げ… 75

はんぺん

紅しょうがのはんぺんだんご ………… 31

野菜

アボカド

ボリューム満点タコライス …………… 109
アボカド冷ややっこ …………………… 115

大葉

ふわふわ梅大葉つくね ………………… 21
とろ〜りチーズのベーコンチキンカツ… 29
塩昆布と大葉の冷ややっこ …………… 47

オクラ

てりやき豆腐ハンバーグ グリル野菜添え… 45
オクラのごまみそナムル ……………… 63
オクラのおひたし ……………………… 65
揚げ出し豆腐そぼろあんかけ ………… 79
オクラの梅肉あえ ……………………… 89

貝割れ菜

即席コンソメスープ …………………… 109
トマトと貝割れの中華サラダ ………… 113
ピリ辛チキン丼 ………………………… 115

かぼちゃ

コロコロ野菜スープ …………………… 23
かぼちゃの卵サラダ …………………… 27
てりやき豆腐ハンバーグ グリル野菜添え… 45
鶏肉の竜田揚げ 野菜添え …………… 47
かぼちゃチーズサラダ ………………… 59
にんじんとかぼちゃのコンソメスープ… 69
揚げ出し豆腐そぼろあんかけ ………… 79

キャベツ

野菜たっぷりトマトスープ …………… 27
キャベツのマスタードラペ ………… 32,90
もやしのとんこつ風スープ …………… 37
さっぱりコールスロー ………………… 43

豚と玉ねぎのしょうが焼き …………… 57
キャベツと卵のコンソメスープ ……… 59
キャベツと油揚げのみそ炒め ………… 65
ちくわとキャベツの紅しょうがかき揚… 75
キャベツとコーンのみそ汁 …………… 79
ロールキャベツ ………………………… 87
甘辛チキン ……………………………… 99
デミたまチキン丼……………………… 110
ピリ辛チキン丼………………………… 115

きゅうり
マカロニ卵サラダ ……………………… 23
かにかまきゅうりの酢のもの ………… 35
きゅうりの中華漬け …………………… 37
きゅうりと白菜のさっぱり漬け…… 42,62,68,91
春雨ときゅうりの酢のもの …………… 45
きゅうりとかにかまの和風マヨ ……… 57
ハムときゅうりのサラスパ …………… 69
もやしときゅうりの甘酢あえ ………… 79
たたききゅうりのうま塩あえ ………… 117

グリーンアスパラガス
アスパラ豚巻きカツ …………………… 17
ゴロゴロ豚とアスパラのガリバタ炒め … 27

コーン
ひじきとコーンのマヨサラダ ………… 17
ツナとコーンの落とし揚げ …………… 43
ガーリックトマトチキン ……………… 59
にんじんとかぼちゃのコンソメスープ… 69
もやしとコーンのみそ汁 ……………… 75
キャベツとコーンのみそ汁 …………… 79

ごぼう
鶏皮とごぼうのきんぴら ……………… 35
豚肉と根菜の和風スープ ……………… 51
ごぼうとにんじんのツナマヨ ………… 83

小松菜
小松菜のマスタードあえ ……………… 19
小松菜の甘酢あえ ……………………… 31
小松菜のコチュジャンあえ …………… 41
小松菜のいり卵あえ …………………… 57
小松菜ベーコンあえ …………………… 59
小松菜ナムル …………………………… 67
小松菜とちくわの塩昆布あえ ………… 73
小松菜のおかかあえ …………………… 79
小松菜とかにかまのみそ汁…………… 81
豚バラと小松菜の煮もの
　　ゆずごしょう風味 ………………… 83

鶏肉、ソーセージと
　　野菜のごまみそ豆乳鍋…………… 102
豚肉と厚揚げのルーローハン………… 106
節約中華丼…………………………… 116

さつまいも
コロコロさつまいも …………………… 43

里いも
鶏肉と里いもの煮もの ………………… 77
ゴロゴロフライド里いも ……………… 87

さやいんげん
煮込みチーズハンバーグ ……………… 69
いんげんのごまあえ …………………… 75
いんげんのバターしょうゆ炒め ……… 83
いんげんのツナあえ …………………… 85

しし唐辛子
鶏肉の竜田揚げ 野菜添え …………… 47

じゃがいも
かにかまチャウダー …………………… 17
和風ツナポテサラダ …………………… 21
のり塩マッシュポテト ………………… 29
じゃがソーセージのスコップコロッケ… 33
ソーセージとじゃがいものミルクスープ… 43
じゃがいもと玉ねぎのみそ汁 ………… 47
さばとじゃがいものフライ …………… 65
煮込みチーズハンバーグ ……………… 69
ひき肉とたっぷり野菜のオムレツ …… 73
和風じゃがバター ……………………… 81
具だくさん ミートボール煮込み …… 95
チキンとじゃがいものクリーム煮 …… 101

大根
大根の中華風はりはり漬け……… 34,66,86,91

玉ねぎ
きのこのかきたまスープ ……………… 15
かにかまチャウダー …………………… 17
チキンのトマトクリームグラタン …… 19
ふわふわ梅大葉つくね ………………… 21
レンチン玉ねぎベーコン ……………… 23
コロコロ野菜スープ …………………… 23
かぼちゃの卵サラダ …………………… 27
野菜たっぷりトマトスープ …………… 27
じゃがソーセージのスコップコロッケ… 33
にんじんともやしの和風スープ ……… 35
フライドオニオン …………………… 38,91

ソーセージとじゃがいものミルクスープ… 43
てりやき豆腐ハンバーグ
　　グリル野菜添え …………………… 45
なめこのかきたまみそ汁 ……………… 45
じゃがいもと玉ねぎのみそ汁 ………… 47
豚と玉ねぎのしょうが焼き …………… 57
かにかま豆腐しゅうまい ……………… 61
玉ねぎとわかめの中華スープ ………… 61
煮込みチーズハンバーグ ……………… 69
豚こまだんごの酢豚 …………………… 71
ひき肉とたっぷり野菜のオムレツ …… 73
玉ねぎのかきたまみそ汁 ……………… 77
チンジャオロースー …………………… 85
ロールキャベツ ………………………… 87
具だくさん ミートボール煮込み …… 95
残り野菜の焼きカレードリア ………… 98
甘辛チキン ……………………………… 99
豚こまチヂミ …………………………… 99
たらと野菜のアクアパッツァ ………… 100
チキンとじゃがいものクリーム煮 …… 101
節約すきやき ………………………… 103
ボリューム満点タコライス ………… 109

チンゲン菜
豚肉とチンゲン菜の中華卵炒め ……… 37
チンゲン菜のごまあえ ………………… 39

トマト
なすとトマトの和風マリネ …………… 29
トマトとブロッコリーのペペロン風 … 69
たらと野菜のアクアパッツァ ………… 100
ボリューム満点タコライス ………… 109
トマトと貝割れの中華サラダ ………… 113
和風カレーリゾット…………………… 114

長いも
長いものハムマヨサラダ ……………… 25
甘辛長いも ……………………………… 67
長いもの梅肉あえ ……………………… 81

長ねぎ
麻婆なす ………………………………… 39
豆腐とえのきの中華とろみスープ…… 39
厚揚げ豚巻きの甘辛ねぎだれ ………… 41
豆腐と長ねぎのピリ辛スープ ………… 49
豚肉と白菜の重ね蒸し ………………… 96
節約すきやき ………………………… 103
ひき肉あんかけの卵とじ丼 ………… 111
豚バラねぎ塩丼………………………… 112
和風カレーリゾット…………………… 114

125

ピリ辛チキン丼…………………… 115
えびチリ玉丼……………………… 117

なす
なすとトマトの和風マリネ………… 29
麻婆なす…………………………… 39
鶏肉の竜田揚げ 野菜添え………… 47
なすの中華煮びたし……………… 63
具だくさん ミートボール煮込み…… 95

にら
にら玉中華スープ ………………… 63
豚こまチヂミ……………………… 99

にんじん
さっぱり梅にんじん ……………… 15
ひじきとコーンのマヨサラダ……… 17
にんじんのマーマレードラペ… 18,24,86,90
コロコロ野菜スープ……………… 23
牛肉の糸こんチャプチェ………… 31
にんじんと卵のスープ…………… 31
にんじんともやしの和風スープ…… 35
さっぱりコールスロー…………… 43
にんじんのごま甘酢……………… 47
豚肉と根菜の和風スープ………… 51
にんじんのこくマヨサラダ………… 53
にんじんとかぼちゃのコンソメスープ… 69
豚こまだんごの酢豚……………… 71
もやしとにんじんのナムル………… 71
ひき肉とたっぷり野菜のオムレツ… 73
れんこんのきんぴら……………… 75
にんじんの白あえ………………… 77
ごぼうとにんじんのツナマヨ……… 83
にんじんのおかかマヨ…………… 89
残り野菜の焼きカレードリア……… 98
豚こまチヂミ……………………… 99
鶏肉、ソーセージと
　野菜のごまみそ豆乳鍋………… 102
節約中華丼………………………… 116

白菜
きゅうりと白菜のさっぱり漬け… 42,62,68,91
ふわふわ卵の白菜とろみスープ … 53
白菜と油揚げのみそ汁…………… 73
白菜と春雨の中華スープ………… 85
豚肉と白菜の重ね蒸し…………… 96
鶏肉、ソーセージと
　野菜のごまみそ豆乳鍋………… 102
節約すきやき……………………… 103
節約中華丼………………………… 116

パプリカ
パプリカマリネ…………………… 16,40,90

ピーマン
牛肉の糸こんチャプチェ………… 31
ピーマンのおひたし……………… 51
豚こまだんごの酢豚……………… 71
チンジャオロースー……………… 85
残り野菜の焼きカレードリア……… 98
鶏胸肉とピーマンの甘辛コロコロ丼 …… 113

ブロッコリー
白身魚とブロッコリーのフリッター… 23
ブロッコリーのうま塩あえ………… 44,90
ブロッコリーのナムル…………… 49
ガーリックトマトチキン…………… 59
ブロッコリーの卵あんかけ………… 61
トマトとブロッコリーのペペロン風… 69
ブロッコリーのゆずごしょうマヨ…… 77
具だくさん ミートボール煮込み…… 95
たらと野菜のアクアパッツァ………… 100
ブロッコリーのツナサラダ………… 111

ほうれん草
ほうれん草ののりツナあえ………… 15
ほうれん草とかにかまの塩昆布あえ… 21
ほうれん草と卵のごまマヨ………… 33

三つ葉
豆腐と三つ葉のすまし汁………… 21

もやし
牛肉の糸こんチャプチェ………… 31
にんじんともやしの和風スープ…… 35
もやしのとんこつ風スープ………… 37
わかめともやしの春雨スープ……… 41
豆腐と長ねぎのピリ辛スープ……… 49
もやしとにんじんのナムル………… 71
もやしとコーンのみそ汁…………… 75
もやしときゅうりの甘酢あえ……… 79
鶏肉、ソーセージと
　野菜のごまみそ豆乳鍋………… 102

レタス
ボリューム満点タコライス………… 109

レモン
たらと野菜のアクアパッツァ……… 100

れんこん
サクサクカレーれんこん …………… 19
れんこんのカレーオイルあえ…… 26,66,90
れんこんチップ………………… 48,91,114
豚肉と根菜の和風スープ………… 51
れんこんのピリ辛あえ…………… 53
鶏胸肉とれんこんのにんにく甘酢炒め… 63
れんこんのきんぴら……………… 75
鶏肉と里いも煮もの……………… 77
れんこんごまマヨあえ…………… 87
たらと野菜のアクアパッツァ……… 100

きのこ
きのこのかきたまスープ………… 15
きのこのミルクスープ…………… 25
レンチンきのこのアヒージョ …… 28,60,90
豆腐とえのきの中華とろみスープ… 39
てりやき豆腐ハンバーグ グリル野菜添え… 45
なめこのかきたまみそ汁………… 45
豚こまボールとエリンギの塩レモン炒め… 49
えのき天………………………… 73
えのきと豆腐のみそ汁…………… 89
チキンとじゃがいものクリーム煮… 101
鶏肉、ソーセージと
　野菜のごまみそ豆乳鍋………… 102
節約すきやき……………………… 103
和風カレーリゾット……………… 114
節約中華丼………………………… 116

卵
きのこのかきたまスープ………… 15
マカロニ卵サラダ………………… 23
チキンステーキ 半熟卵添え……… 25
かぼちゃの卵サラダ……………… 27
にんじんと卵のスープ …………… 31
ほうれん草と卵のごまマヨ………… 33
豚肉とチンゲン菜の中華卵炒め…… 37
豆腐とえのきの中華とろみスープ… 39
てりやき豆腐ハンバーグ グリル野菜添え… 45
なめこのかきたまみそ汁………… 45
鶏肉の竜田揚げ 野菜添え………… 47
やみつき漬け卵…………………… 49
ふわふわ卵の白菜とろみスープ … 53
小松菜のいり卵あえ……………… 57
キャベツと卵のコンソメスープ…… 59
ブロッコリーの卵あんかけ………… 61
にら玉中華スープ………………… 63
さばとじゃがいものフライ………… 65
中華卵スープ……………………… 71
ひき肉とたっぷり野菜のオムレツ… 73

玉ねぎのかきたまみそ汁 ………… 77
鶏手羽と卵のカレー煮込み ……… 89
残り野菜の焼きカレードリア …… 98
節約すきやき ……………………… 103
豚肉と厚揚げのルーローハン …… 106
ボリューム満点タコライス ……… 109
デミたまチキン丼 ………………… 110
ひき肉あんかけの卵とじ丼 ……… 111
えびチリ玉丼 ……………………… 117

乳製品

牛乳
かにかまチャウダー ……………… 17
チキンのトマトクリームグラタン … 19
きのこのミルクスープ …………… 25
じゃがソーセージのスコップコロッケ … 33
もやしのとんこつ風スープ ……… 37
ソーセージとじゃがいものミルクスープ … 43
チキンとじゃがいものクリーム煮 … 101

チーズ
チキンのトマトクリームグラタン … 19
とろ〜りチーズのベーコンチキンカツ … 29
じゃがソーセージのスコップコロッケ … 33
かぼちゃチーズサラダ …………… 59
煮込みチーズハンバーグ ………… 69
残り野菜の焼きカレードリア …… 98
甘辛チキン ………………………… 99

大豆製品

豆腐
豆腐と三つ葉のすまし汁 ………… 21
豆腐とえのきの中華とろみスープ … 39
ツナとコーンの落とし揚げ ……… 43
てりやき豆腐ハンバーグ グリル野菜添え … 45
塩昆布と大葉の冷ややっこ ……… 47
豆腐と長ねぎのピリ辛スープ …… 49
かにかま豆腐しゅうまい ………… 61
みそだれ冷ややっこ ……………… 71
にんじんの白あえ ………………… 77
揚げ出し豆腐そぼろあんかけ …… 79
豆腐のかにかまあんかけ ………… 85
えのきと豆腐のみそ汁 …………… 89
節約すきやき ……………………… 103
即席ごま豆腐スープ ……………… 112
アボカド冷ややっこ ……………… 115

厚揚げ
厚揚げのから揚げ ………………… 37
厚揚げ豚巻きの甘辛ねぎだれ …… 41

豚肉と厚揚げのルーローハン …… 106

油揚げ
わかめと油揚げのみそ汁 ………… 57
キャベツと油揚げのみそ炒め …… 65
白菜と油揚げのみそ汁 …………… 73
豚バラと小松菜の煮もの ゆずごしょう風味 83

納豆
納豆とちくわの磯辺揚げ ………… 51

豆乳
鶏肉、ソーセージと
　　野菜のごまみそ豆乳鍋 ……… 102

缶詰

ツナ缶
ほうれん草ののりツナあえ ……… 15
和風ツナポテサラダ ……………… 21
ツナとコーンの落とし揚げ ……… 43
ごぼうとにんじんのツナマヨ …… 83
いんげんのツナあえ ……………… 85
ブロッコリーのツナサラダ ……… 111

トマト缶
チキンのトマトクリームグラタン … 19
野菜たっぷりトマトスープ ……… 27
ガーリックトマトチキン ………… 59
具だくさん ミートボール煮込み … 95

海産物・乾物

塩昆布
ほうれん草とかにかまの塩昆布あえ … 21
塩昆布と大葉の冷ややっこ ……… 47
小松菜のいり卵あえ ……………… 57
小松菜とちくわの塩昆布あえ …… 73

のり
ほうれん草ののりツナあえ ……… 15
のりのつくだ煮 …………… 52,76,91
アボカド冷ややっこ ……………… 115

ひじき
ひじきとコーンのマヨサラダ …… 17

わかめ
わかめともやしの春雨スープ …… 41
わかめと油揚げのみそ汁 ………… 57
玉ねぎとわかめの中華スープ …… 61
和風わかめスープ ………………… 65

お麩とわかめのみそ汁 …………… 83
即席わかめスープ ………………… 106

主食

ご飯
残り野菜の焼きカレードリア …… 98
豚肉と厚揚げのルーローハン …… 106
ボリューム満点タコライス ……… 109
デミたまチキン丼 ………………… 110
ひき肉あんかけの卵とじ丼 ……… 111
豚バラねぎ塩丼 …………………… 112
鶏胸肉とピーマンの甘辛コロコロ丼 … 113
和風カレーリゾット ……………… 114
ピリ辛チキン丼 …………………… 115
節約中華丼 ………………………… 116
えびチリ玉丼 ……………………… 117

パスタ
チキンのトマトクリームグラタン … 19
マカロニ卵サラダ ………………… 23
ゆずごしょうサラスパ …………… 51
ハムときゅうりのサラスパ ……… 69

その他

糸こんにゃく
牛肉の糸こんチャプチェ ………… 31
節約すきやき ……………………… 103

乾燥春雨
ピリ辛春雨あえ …………………… 39
わかめともやしの春雨スープ …… 41
春雨ときゅうりの酢のもの ……… 45
白菜と春雨の中華スープ ………… 85

白菜キムチ
ピリ辛春雨あえ …………………… 39
豆腐と長ねぎのピリ辛スープ …… 49

麩
ふわふわ梅大葉つくね …………… 21
お麩とわかめのみそ汁 …………… 83
節約すきやき ……………………… 103

紅しょうが
紅しょうがのはんぺんだんご …… 31
ちくわとキャベツの紅しょうがかき揚げ … 75

『節約ワンプレートごはん』を作りはじめて早5年。
やる気に満ちあふれて頑張れたときもあれば、
節約に疲れ果てたことも何度もありました。
幾多の経験をしてきたからこそ、
どんなときもそっと寄り添えるような本にしたい……。
そんな思いを込めて3冊目を作りました。
今日も、明日も、その先も、本書を通して
節約ごはんを楽しんでもらえたら、何よりもうれしいです。

memi

節約上手なママインスタグラマー。短大卒業後、幼稚園教諭を経て、結婚。手取り21万円、食費2万円の節約生活をインスタグラムに投稿し、おしゃれで豪華なワンプレートごはんが話題に。インスタアカウントは @memimemi19.2.5

Special Thanks ●アシスタント／鳥生雅子

Staff ●撮影／高杉 純　デザイン／中村朋子　校正／くすのき舎　編集協力／佐藤由香　編集担当／佐藤句実（永岡書店）

---

memiの1か月食費2.7万円！
節約ワンプレートごはん もっと！

2025年5月10日　第1刷発行
2025年8月10日　第2刷発行

著　者　memi
発行者　永岡純一
発行所　株式会社 永岡書店
　　　　〒176-8518　東京都練馬区豊玉上1-7-14
　　　　代表：03-3992-5155　編集：03-3992-7191
DTP　　編集室クルー

印刷・製本　クループリンティング

ISBN978-4-522-44255-5 C0077
乱丁本・落丁本はお取り替えいたします。
本書の無断複写・複製・転載は禁じます。